식객 허영만의 백반기행 2

일러두기

- 🅟 전용 주차장이 있는 곳입니다. 전용 주차장이 없는 경우, 근처 공영 주차장을 이용하시거나 해당 식당에 미리 문의해주시기 바랍니다.
- 🔄 제철 음식을 즐길 수 있는 곳입니다.
- 🍸 술 한잔 하기 좋은 곳입니다.

- 본문의 식당 정보는 2021년 5월을 기준으로 작성되었으며, 이후 식당 사정에 따라 정보가 변경될 수 있습니다. 방문 전 전화 문의를 권장 드립니다.
- 이 책은 TV조선 〈식객 허영만의 백반기행〉 46회부터 95회까지 소개된 식당들 중에서 저자가 뽑은 곳들을 소개합니다.

식객이 뽑은 진짜 맛집

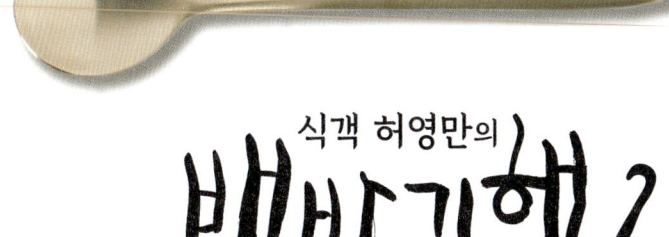
식객 허영만의
백반기행 2

허영만 · TV조선 〈식객 허영만의 백반기행〉 제작팀 지음　　가디언

머리말

백반은 어머니의 손맛이다

텃밭에서 기른 푸성귀를 뜯어다가
된장에 주물주물 내놓은 나물 반찬이나
바닷가에서 건져 올린 돌게를 양념에 무쳐 상에 올리거나
술 한잔 걸치고 온 아들 속을 풀어주려고 끓여낸 시래깃국이나
어머니는 있는 것들만으로도 맛있는 밥상을 차려주셨다.
그렇게 차려진 밥상을 찾아 떠난 백반기행은
어머니의 손맛을 찾아가는 여정이다.
채반에 고봉으로 담겨 나오는 어머니의 정성을
무엇에 비기겠는가.
골골마다 집집마다 제철에 나는 것들로 차려진 밥상을
마주하면 나는 행복해진다.

2020년 5월
허영만

냉면부를 몇번 다녔었더니 지방마다 집집마다
맛이 다르다는걸 알았다. 큰 소득이다.
강원의 OOO 초계국수 그랬고 서산의 OO식당이 그랬고
서울 충무로의 OOO식당이 그랬다.
내 입맛은 함께이 갖는 냉면은 무료하다.
맛은 그 냉면양식에 속들기라.
냉면을 즐길수 있는 냉면을 찾았다.
앞으로의 일처이 기대된다.

차례

머리말   백반은 어머니의 손맛이다   4

서울 밥상

마포구

천지식당	16
산동만두	18

종로구

삼지	20
황생가칼국수	22
밀과보리	24
미인과자연	26
용금옥	28
자하손만두	30

중구

산동교자	32
왕성식당	34
진주집	36
산정	38
라칸티나	40
충무집	42
유림면	44
이북만두	46

용산구

양푼이동태탕	48

영등포구

골목집	50
매일낙지	51
서여사네	52
은진포차	54
덕원	56

서초구

토박이	58
맘코리안비스트로	60
설눈	62

송파구

갯마을	64
일등바우	66
장수식당	68
원조 감자탕	69
남한산성식당 마천점	70

인천·경기 밥상

인천

연백식당	76
해장국집	78
마산집	80
중국물만두	82
부암갈비	83

파주

임진대가집	84
은하장	86
심학산두부마을	88
쉼골전통된장	90
장수대	92
국물없는우동	94

양주

부일기사식당	96
평양면옥	98
유명식당	100
노고산로뎀나무	102

가평

송원막국수	104
샘말식당	106
민기남씨네솥뚜껑닭매운탕	107
장모님댁	108
명지쉼터가든	110

양평

순흥식당	112
초가	114
회령손만두국	116
표미숙국수	118

용인

한터장수오리골	119
금성식당	120
교동면옥	122
양지석쇠불고기	124
처인성토속음식	126
고기리막국수	128

이천

강민주의들밥	130
돌댕이석촌골농가맛집	132

강원 밥상

홍천

오대산내고향	138
신토불이	140
원미막국수	142
제일숯불구이	144

고성

항포구	146
40년전통오미냉면	148
삼거리기사식당	150

속초

곤드레밥집	152
88생선구이	154
감자바우	156

철원

갓냉이국수	158
내대막국수	160
솔향기	162

영월

박가네	164
제천식당	165
노루목상회식당	166
쌍용집	168
장릉보리밥집	170

충청 밥상

태안

산장가든	176
정아횟집	178
메꿀레분식	180
선창회마차	182

천안

가산한정식	184
미라골미담식당	186
정통옥수사	188
청화집	189
청룡원조매운탕	190

홍성

홍흥집	192
갈매기횟집	194
깜씨네	196

보령

서부식당	198
고기요	200

충주

삼정면옥	202
올뱅이식당	204
들림횟집	206
수영식당	208

진천

청해식당	210
할머니집	212
농민쉐프의묵은지화련	214

영동

동정리보경가든	216
갑돌갈비	218

부산 · 경상 밥상

부산

청사초롱	224

영덕

시장밥집	226
영덕물가자미전문점	228
팔팔식당	230

포항

대화식당	232
고바우식당	234

경주

경주 원조콩국	236
할매문어집	238
퇴근길숯불갈비	240

진주

제일식당	242
하동집	244
평양 빈대떡	246
산청흑돼지	248

고성

군령포하모자연산횟집	250
옥천식당	252
기와실비	254
수양식당	256

전라 밥상

익산

시장비빔밥	262
고려당	264
장흥식당	266
다가포가든	268

부안

전망좋은집	284
동진식당	286
땅제가든	288
포마횟집	290

군산

일출옥	270
일력생선	271
뚱보식당	272
불타는명태집	274
우리떡갈비	276

정읍

국화회관	292
장작불	294
고부동학고을한우	296
백학정	298

전주

운암콩나물국밥	278
향리	280
금암피순대	282

순창

민속집	300
유등숯불돼지갈비	302
백야촌	304

남원

일출산채식당	306
인동할머니민박	308
동막골	310
부산집	312

나주

다복가든	314
나주곰탕하얀집	316
송현불고기	318

광양

홍쌍리 청매실농원	320
해돋이식당	322
예촌식당	324
경도식당	326

영암

청하식당	328
텃밭가든	330
독천식당	332

고흥

수문식당	334
순천횟집	336
다미식당	338

여수

봉정식당	340
나진국밥	342
41번 포차	344

해남

중앙식당	346
이학식당	348
신창손순대국밥	350

진도

이화식당	352
궁전음식점	354
우림	355
달님이네맛집	356
사랑방음식점	358

완도

유일정식당	360
대박집	362
진미횟집	364
동백식당	366

서울 밥상

서울 북부

종로구

- **삼지(20p)**
  대패삼겹살, 김치죽

- **황생가칼국수(22p)**
  사골칼국수, 왕만두

- **밀과보리(24p)**
  곤드레밥, 감자전, 미나리전

- **미인과자연(26p)**
  백반

- **용금옥(28p)**
  서울 추탕, 추어튀김

- **자하손만두(30p)**
  만둣국, 모둠만두, 자하 냉채

마포구

- **천지식당(16p)**
  낙지볶음, 김치제육, 홍어찜

- **산동만두(18p)**
  찐만두, 군만두, 오향장육

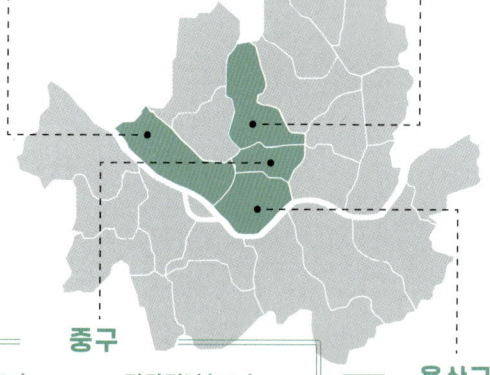

중구

- **산동교자(32p)**
  오향장육, 물만두, 수초면

- **왕성식당(34p)**
  갈치조림

- **진주집(36p)**
  꼬리토막

- **산정(38p)**
  제주 오겹살, 사골스지배추탕

- **라칸티나(40p)**
  스파게티 콘 레 봉골레, 주파 디 치폴레

- **충무집(42p)**
  도다리쑥국, 멍게밥

- **유림면(44p)**
  메밀국수, 비빔메밀

- **이북만두(46p)**
  김치말이밥, 굴림만두

용산구

- **양푼이동태탕(48p)**
  동태내장탕

서울 남부

송파구

- **갯마을(64p)**
  게장 정식

- **일등바우(66p)**
  병어조림, 낙지촛국

- **장수식당(68p)**
  김치삼겹

- **원조 감자탕(69p)**
  비지감자탕

- **남한산성식당 마천점(70p)**
  오돌갈비

영등포구

- **골목집(50p)**
  녹두반계탕, 오감탕

- **매일낙지(51p)**
  불낙지

- **서여사네(52p)**
  어죽칼국수

- **온진포차(54p)**
  가자미조림, 관자버터구이

- **덕원(56p)**
  방치탕, 꼬리곰탕

서초구

- **토박이(58p)**
  신김치꽁치전골, 고추장두부찌개

- **맘코리안비스트로(60p)**
  콩나물비빔밥, 들깨수제비,
  두부김치스테이크

- **설눈(62p)**
  고려 물냉면, 평양 온반

천지식당

낙지볶음, 김치제육, 홍어찜

서울 마포구 마포대로4가길 54
TEL. 02-711-3442

운영시간
10:30-22:00
토요일 10:30-21:00
일요일, 공휴일 휴무

주요 메뉴
낙지볶음, 김치제육, 홍어찜

방문 날짜 20 . .	나의 평점 ☆☆☆☆☆
방문 후기	

직장인들이 많이 찾는 집이라 음식 나오는 속도가 무시무시하다. 낙지볶음은 달지도, 짜지도 않은 양념에 불 맛이 살아있어 직장인들이 딱 좋아할 만한 맛이다. 김치제육도 빼놓을 수 없는 인기 메뉴. 여기에 깔끔하고 담백한 닭미역국까지 곁들이니, 참 음식 잘하는 집이다.

백두산 천지만큼
높은 곳에 있습니다.
맛도
그만큼
높습니다.

산동만두

찐만두, 군만두, 오향장육

서울 마포구 도화길 22-10
TEL. 02-711-3958

운영시간
17:30-24:00(마지막 주문 23:00)
첫째, 셋째 토요일 휴무
일요일 휴무
(전화 예약 필수)

주요 메뉴
찐만두, 군만두, 오향장육

방문 날짜 20 . .	나의 평점 ☆☆☆☆☆
방문 후기	

> 얄팍한 만두피 속 육즙 가득한 찐만두가 가히 환상이다. 이 찐만두를 아랫면만 구워 낸 군만두는 진정한 겉바속촉. 오향장육도 짭조름하면서 향이 진한 짠슬과 고기의 조화가 기가 막힌다. 지금까지 내가 먹어 왔던 중국 음식의 모든 것을 지우는 집이다.

내 뒤를 따라오던 친구.
"왜 이런 데까지 와?
만둣집 천지에
깔렸는데."
"잔말 말고 따라와.
3개월 전에
예약한 집이야."

1시간 뒤,
"앞으로는 네 말 잘 들을게."

삼지

대패삼겹살, 김치죽

서울 종로구 북촌로2길 5-7 헌법재판소 정문 맞은편 세탁소 골목 안
TEL. 02-763-8264

운영시간
11:00-22:00
토요일 11:00-20:00
(특별 예약 시 마감 시간 연장 가능)
일요일 휴무(예약 시 오픈 가능)

주요 메뉴
대패삼겹살, 철판콩삼이, 김치죽

방문 날짜 20 . .	나의 평점 ☆☆☆☆☆
방문 후기	

노릇하게 잘 구워진 대패삼겹살을 마늘 소금에 찍어 갓김치에 싸서 먹으면 끝도 없이 들어간다. 볶음밥으로 대미를 장식하는 것도 좋지만, 술꾼들의 속을 염려하는 주인장의 마음이 깃든 김치죽도 별미. 콩나물이 들어가 시원한 것이 속이 금세 든든해진다.

대패삼겹살은
빨리 먹고 복귀해야 하는
직장인들을 위한 메뉴가 아닐까?
뚝닭(뚝배기 안의 닭고기)이랑 김치죽도 마찬가지겠지?

황생가칼국수

사골칼국수, 왕만두

서울 종로구 북촌로5길 78
TEL. 02-739-6334

운영시간
11:00-21:30
명절 당일 휴무

주요 메뉴
사골칼국수, 왕만두, 버섯전골

방문 날짜 20 . .	나의 평점 ☆☆☆☆☆
방문 후기	

북촌의 점잖은 모습을 그대로 닮은 칼국수. 뽀얀 사골 육수가 진하고 깔끔하다. 매일 빚는 왕만두도 피가 얇고 담백한 편. 여기에 은은한 양념의 백김치까지 곁들이면 입이 깔끔하게 정리된다. 북촌에서 먹는 반가 음식에 정말로 내가 양반이 된 것만 같다.

양념이 세지 않고 잔잔한 맛.
대청마루에 친구랑 마주 앉아 반가의 음식상을 받았다.
양반의 기분이란 이런 것이로구나.

밀과보리

곤드레밥, 감자전, 미나리전

서울 종로구 창덕궁1길 32
TEL. 02-747-5145

운영시간
11:30-21:00
일요일 휴무

주요 메뉴
곤드레밥, 감자전, 미나리전, 홍어전

방문 날짜 20 . . .	나의 평점 ☆☆☆☆☆
방문 후기	

이 집의 곤드레밥은 반으로 나눠 한 번은 양념간장을, 다른 한 번은 강된장을 넣고 비벼 먹어야 제대로 먹었다 할 수 있다. 특히 짭짤하면서 구수한 강된장이 곤드레밥과 환상의 궁합. 오로지 감자만 갈아 기름에 노릇하게 구운 감자전도 두툼하니 제대로다.

곤드레밥 strike

감자전 strike

미나리전 strike

3 strike인 줄 알았죠?

홍어전 strike!

4 strike입니다!

미인과자연

백반

서울 종로구 세검정로9길 78
TEL. 010-5372-6389

운영시간
11:00-14:00
일요일 휴무

주요 메뉴
백반(메뉴는 매일 바뀝니다.)

방문 날짜 20 . .	나의 평점 ☆☆☆☆☆
방문 후기	

높으신 분들의 입맛을 사로잡던 주인장이 선보이는 백반. 무채오징어젓갈무침, 밤깻잎장아찌 등 평범한 반찬에서도 단점은 보완하고 장점은 더욱 살리려는 주인장의 솜씨가 여지없이 드러난다. 심지어 같은 식재료라도 원산지별로 특징을 구분해서 쓰니, 정성이 대단하다.

길을 떠날 때
기대되는 것이 둘 있다.
밥상과 그것을
만들어 내는 여인.
이 둘을 빼면
길을 나설 맛이 없다.

용금옥

서울 추탕, 추어튀김

서울 종로구 자하문로 41-2
TEL. 02-777-4749

운영시간
11:30-21:30
평일 휴식시간 15:00-17:00
토요일, 공휴일 11:30-21:00
일요일, 명절 휴무

주요 메뉴
서울 추탕, 추어튀김

| 방문 날짜 20 .   . | 나의 평점 ☆☆☆☆☆ |

방문 후기

1932년에 개업한 곳으로, 대표 메뉴는 서울식 추어탕인 '추탕'이다. 걸쭉한 국물 속에 두부, 유부, 소 곱창 등 다양한 재료가 들어 있는 점이 독특한데, 일제강점기 당시 구하기 쉬웠던 영양 보충원들을 넣은 것이란다. 한국의 근현대사가 그대로 담겼다 해도 과언이 아니다.

여보게,
이 집 기억허시는가.
88년 전
금강산 구경 떠날 때
점심하던 곳일세.

자하손만두

만둣국, 모둠만두, 자하 냉채

서울 종로구 백석동길 12
TEL. 02-379-2648

운영시간
11:00-21:30
명절 전날, 당일 휴무

주요 메뉴
만둣국, 모둠만두, 만두전골,
자하 냉채

방문 날짜	20 . .	나의 평점	☆☆☆☆☆
방문 후기			

> 진정한 서울 음식이란 무엇인가를 알 수 있는 집. 모둠만두와 만둣국 모두 뭐가 하나 빠졌나 싶을 정도로 심심한 간이지만, 충분히 씹고 천천히 음미하다 보면 음식과 재료 본연의 맛이 생생하게 살아난다. 조선간장과 김치를 조금씩 곁들여 간을 보태는 것도 좋은 방법이다.

여보시게,
세상일이란 이런 것
아니겠나.
그런저런 밥상 만나다가
오늘같이 근사한
밥상도 만나는 거지.
그만 화 푸시고
들어가시게나.

산동교자

오향장육, 물만두, 수초면

서울 중구 명동2길 26
TEL. 02-778-4150

운영시간
11:00-21:30
명절 휴무

주요 메뉴
오향장육, 물만두, 수초면, 탕수육

방문 날짜 20 . .	나의 평점 ☆☆☆☆☆
방문 후기	

대한민국의 중심, 명동에 다락방이 있는 식당이라니! 워낙 땅값이 비싸 식당을 반으로 쪼개 공간을 곱빼기로 쓰고 있다. 얇은 피에 부추와 고기에서 나온 즙 가득 찬 물만두는 계속 손이 가는 맛이고, 센 불에 채소와 해산물을 볶아 만든 수초면도 구수한 향이 일품이다.

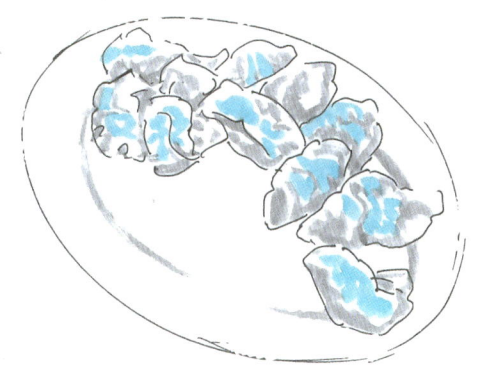

이 골목에 이런 집이
아직 남아 있다니요.
신대륙 발견이오~~♪

왕성식당

갈치조림

서울 중구 남대문시장길 18-2
TEL. 02-752-9476

운영시간
04:00-20:00
일요일, 명절 휴무

주요 메뉴
갈치조림, 된장찌개, 북엇국

방문 날짜 20 . .	나의 평점 ☆☆☆☆☆
방문 후기	

30년 넘게 남대문 시장 갈치 골목을 지켜온 식당. 무엇보다 이 집의 갈치조림은 양념이 생각보다 달지 않아 갈치 본연의 맛을 즐길 수 있어 좋다. 고춧가루의 칼칼함과 듬뿍 넣은 대파의 단맛이 조화롭고, 그 양념이 제대로 밴 무는 과연 하이라이트다. 참 맛있는 갈치조림이다.

새빨간 갈치조림.
매운 듯하다가
깨끗한 맛.
애호박만 보태면
어머니의 갈치조림.

진주집

꼬리토막

서울 중구 남대문시장4길 6-1
TEL. 02-753-9813

운영시간
07:00-22:00
명절 휴무

주요 메뉴
꼬리토막, 꼬리찜, 양지수육, 방치찜

| 방문 날짜 | 20 . . | 나의 평점 | ☆☆☆☆☆ |

방문 후기

포크로 꼬리토막의 두툼한 살코기를 발라 먹는 재미가 쏠쏠하다. 꼬리의 윗부분은 쫄깃쫄깃 씹는 맛이 살아 있고 중간 부분은 촉촉하고 부드러운 것이, 같은 꼬리인데도 맛이 어쩜 이렇게 차이가 나나 신기할 뿐이다. 국물은 맑으면서도 맛이 묵직하니, 소주 한 병으론 부족하다.

소꼬리 하나에도
등급이 나눠집니다.
차별 없는 세상에서
살았으면 좋겠습니다.

산정

제주 오겹살, 사골스지배추탕

서울 중구 동호로 288
TEL. 02-2277-0913

운영시간
11:30-21:00
토요일 11:00-21:00
일요일 13:00-20:00

주요 메뉴
제주 오겹살, 사골스지배추탕

방문 날짜 20 . .	나의 평점 ☆☆☆☆☆
방문 후기	

오겹살의 묘미는 바로 비계와 껍질 부분. 쫄깃한 찰떡을 씹는 것만 같은 오겹살은 아무것도 안 찍고 그냥 먹어도 아주 맛있지만, 명란을 곁들여 먹으면 짭짤함이 더해져 따로 소금 간이 필요 없다. 마무리로 시원한 국물의 스지배추탕까지 먹으면, 완벽한 한 끼 식사다.

오겹살 쫄깃한 맛에 환장하겠더라.
구운 돼지고기에 명란을 얹어 먹고
콩나물비빔밥에 된장국, 스지탕은
문 앞을 나오면서 이렇게 외치고 말았네.

"내일 다시 올께에에!!"

라칸티나

스파게티 콘 레 봉골레, 주파 디 치폴레

서울 중구 을지로 19
TEL. 02-777-2579

운영시간
11:30-22:00
휴식시간 15:00-17:00
공휴일 17:00-22:00
일요일 휴무

주요 메뉴
스파게티 콘 레 봉골레, 주파 디 치폴레, 젤라또 카싸타

방문 날짜 20 . .	나의 평점 ☆☆☆☆☆
방문 후기	

1967년에 개업한 한국 최초의 이탈리안 식당답게 이곳의 음식은 한국인의 입맛에 맞게끔 진화했다. 모 기업의 회장님이 살아생전 좋아하셨다는 봉골레파스타에는 특이하게도 백합이 들어간다. 뽀얀 조개 국물 시원한 것이 파스타로 해장을 해도 될 것만 같은 기분이다.

이 의자에는
어느 회장님이 앉았을까.
저 포크는 고기 집어
누구 입으로 들어갔을까.
음식과 함께 이 집의 역사를
먹었습니다.

충무집

도다리쑥국, 멍게밥

서울 중구 을지로3길 30-14
TEL. 010-2019-4088

운영시간

11:30-22:00
토요일 11:30-20:00
일요일 휴무

주요 메뉴

도다리쑥국, 멍게밥, 갈치조림

방문 날짜 20 . .	나의 평점 ☆☆☆☆☆
방문 후기	

서울에서 통영 음식의 진수를 보여 주고 있는 주인장. 도다리쑥국의 쑥마저 통영에서 바닷바람을 맞고 자란 것만을 고집하니, 한술 뜨기도 전에 그 향으로 벌써 맛을 본 기분이다. 매일 달라지는 기본 찬도 해초 반찬으로 가득하니, 정말로 통영에 온 것만 같다.

도다리쑥국을 만나니
작년의 오늘이구나.
훈훈한 봄기운
모두 반기지만
나이 든 노인은
봄 향기를 돌아 서 있네.

유림면

메밀국수, 비빔메밀

서울 중구 서소문로 139-1
TEL. 02-755-0659

운영시간
11:00-21:00 (마지막 주문 20:20,
토요일 마지막 주문 20:00)
일요일 휴무

주요 메뉴
메밀국수, 비빔메밀

반찬은 단무지 하나가 끝. 단출한 반찬을 보면 알 수 있듯이, 이 집은 본 메뉴로 승부를 보는 집이다. 쫄깃하면서 적당한 찰기가 훌륭한 메밀국수는 목구멍을 타고 술술 넘어가고, 달여서 만든 고추장 양념이 들어간 비빔메밀은 매콤달콤하니 입에 쫙쫙 붙는다.

방문 날짜 20 . .	나의 평점 ☆☆☆☆☆
방문 후기	

또 봄이다
그러나
작년의 그봄은 아니다

이북만두

김치말이밥, 굴림만두

서울 중구 무교로 17-13
TEL. 02-776-7361

운영시간
09:00-21:00
신정, 설, 추석 당일 휴무

주요 메뉴
김치말이밥, 김치말이국수, 굴림만두

방문 날짜 20 . .	나의 평점 ☆☆☆☆☆
방문 후기	

골목골목으로 들어가야 만날 수 있는 한옥 외관의 멋진 식당. 주인장이 이북에서 먹던 음식을 그대로 선보이고 있다. 김치말이밥은 겨울의 긴 밤을 나다 배고파지면 주인장의 어머니께서 슬슬 말아주시던 음식이란다. 김칫국물과 밥, 얼음이라는 단순한 재료이지만, 맛은 꽉 찼다.

길고 지루한 겨울밤,
만두와 김치말이밥은
좋은 간식거리였겠습니다.
벌써 내년 겨울이 기다려집니다.

양푼이동태탕

동태내장탕

서울 용산구 후암로 18
TEL. 02-324-0539

운영시간
11:00-22:00
휴식시간 15:00-17:00

주요 메뉴
동태탕, 동태내장탕, 알곤이탕

방문 날짜 20 . .	나의 평점 ☆☆☆☆☆
방문 후기	

> 정겨운 양푼이 속 한가득 담겨 나온 동태탕 양이 어마어마하다. 국물은 기분 좋게 칼칼하며, 동태 살밥은 부드럽고 군더더기가 없다. 동태 내장탕의 하이라이트인 '애(간)'는 오래 끓이면 고소한 맛이 사라져 주인장이 나중에 따로 넣어준다. 범상치 않은 집이다.

어두운 밤, 댁에 들어가서
밥 달라고 말 못 하시는 분들에게 꼭 있어야 할 곳.

골목집

녹두반계탕, 오감탕

서울 영등포구 도림로139가길 11
TEL. 02-2676-1387

운영시간
11:00-23:00
첫째, 셋째 일요일 휴무

주요 메뉴
녹두반계탕, 오감탕, 오리야채불고기

문래동 철강 골목의 소문난 맛집. 7,000원에 닭 반 마리와 녹두가 듬뿍 들은 반계탕은 양이 푸짐한 데다 한약재 향이 은근히 올라와 마치 약 한 대접을 먹는 기분이다. 들깻가루 가득한 국물에 잘 발려진 오리고기 듬뿍 들은 오리감자탕도 보양식으로 손색이 없다.

방문 날짜	20 . .	나의 평점	☆☆☆☆☆
방문 후기			

매일낙지

불낙지

서울 영등포구 경인로78길 3-16 1층
TEL. 02-2676-8702

운영시간
12:00-22:30
일요일, 명절 휴무

주요 메뉴
불낙지, 낙지전골

잘 달궈진 불판 위에 쑥갓과 대파를 올리고 육수를 부은 뒤, 커다란 산낙지 한 마리를 '턱' 하니 올린다. 살짝 구운 낙지는 씹을 것 없이 부드럽고, 익은 채소는 달콤하다. 역시 대미는 낙지 대가리. 녹진하고 찝찔한 먹물 맛이 아주 그만이다. 40년 내공이 담긴 초장도 훌륭하다.

방문 날짜 20 . .	나의 평점 ☆☆☆☆☆
방문 후기	

서여사네

어죽칼국수

📍 서울 영등포구 도림로129길 2
TEL. 02-2633-8092

운영시간
11:00-21:00
토요일 11:00-16:00
일요일 휴무

주요 메뉴
어죽칼국수, 어죽칼제비, 민물매운탕

소양강에서 잡은 민물고기를 3시간 내리 고았다는 어죽칼제비. 국물은 걸쭉함보다는 매운탕 같은 칼칼함이 먼저 느껴지고, 쑥갓을 넣어 비린내를 제대로 잡았다. 사장님이 직접 한 반죽으로 만든 칼국수와 수제비도 쫄깃함에 감탄이 나온다. 1인분에 6,000원. 가성비 으뜸.

방문 날짜 20 . .	나의 평점 ☆☆☆☆☆
방문 후기	

은진포차

가자미조림, 관자버터구이

서울 영등포구 도림로133길 20
TEL. 010-3337-7079

운영시간
15:30-22:00
일요일 휴무

주요 메뉴
가자미조림, 관자버터구이,
두루치기, 문어숙회

방문 날짜 20 . .	나의 평점 ☆☆☆☆☆
방문 후기	

매일 들어오는 해산물에 따라, 그리고 각자가 원하는 조리법에 따라 메뉴가 달라지는 곳. 빨간 양념의 조림 국물은 밥 비벼 먹고 싶을 정도로 감칠맛이 있고, 가자미도 크고 두툼해 먹을 살밥도 많다. 버터에 노릇노릇하게 구운 키조개와 관자도 젊은이들에게 인기 메뉴.

낮에는 철공소 밥집.
밤에는 젊은이들의 모임터.
이곳에 젊은 피가 수혈되고 있다.
연남동이나 성수동처럼 밝게 변할 것이다.

덕원

방치탕, 꼬리곰탕

서울 영등포구 버드나루로길 6
TEL. 02-2634-8663

운영시간
09:00-21:00
주말, 공휴일 10:00-20:00
휴식시간 15:30-17:00

주요 메뉴
방치탕(한정 메뉴), 꼬리곰탕,
소머리수육

방문 날짜	20 . .	나의 평점	☆☆☆☆☆
방문 후기			

> 방치는 소 엉덩이뼈를 뜻한다. 뚝배기가 넘치도록 커다란 방치는 50여 년의 내공으로 제대로 삶아져 꼭 참기름 친 듯 고소하다. 특히 쫄깃한 살코기와 끈적한 콜라겐 같은 부분이 섞여 있어 다양한 식감을 즐기기에 이만한 부위가 없다. 국물도 깔끔하니, 그릇째 들이켜도 좋다.

시간은 항시 빠르다.
이젠 빛의 속도로 사라진다.
허나 이런 음식이 곁에 있어 줘서 견딜 만하다.
서운하지 않다.

토박이

신김치꽁치전골, 고추장두부찌개

서울 서초구 반포대로39길 38
TEL. 02-532-4837

운영시간
11:00-21:30

주요 메뉴
신김치꽁치전골, 고추장두부찌개,
만두전골

방문 날짜 20   .   .   .   나의 평점 ☆ ☆ ☆ ☆ ☆

방문 후기

신김치와 부드러운 통조림 꽁치가 들어간 전골은 예나 지금이나 변함없이 맛있다. 푹 익어 뼈째 먹는 꽁치 한 토막에 신김치를 올리면 이만한 밥반찬이 있을까 싶다. 감자와 호박 듬뿍 든 서울식 고추장두부찌개는 된장 없이 오로지 고추장으로만 끓여 맛이 씩씩하고 훌륭하다.

서울에 서울 음식이 없다면 말이 돼?
그동안 지방 음식에 묻혀 있던 서울 음식의 봉기!!

맘코리안비스트로

콩나물비빔밥, 들깨수제비, 두부김치스테이크

서울 서초구 사평대로26길 48
TEL. 02-534-0788

운영시간
11:30-22:00
휴식시간 15:00-17:00
월요일 휴무

주요 메뉴
콩나물비빔밥, 들깨수제비, 두부김치
스테이크 (런치 스페셜 메뉴들입니다.)

방문 날짜 20 . .	나의 평점 ☆☆☆☆☆
방문 후기	

서래마을과 잘 어울리는 모던한 분위기의 한식당. 13년째 모자가 같이 운영하는데, 전반적으로 음식의 간이 세거나 자극적이지 않아 좋다. 특히 들깨수제비는 들깨를 한가득 넣었는데도 부드럽게 고소하며, 무엇보다 간이 기가 막히다. 사장님의 솜씨가 예사롭지 않다.

어울릴까 싶었던
들깨수제비와 콩나물비빔밥은
눈이 즐거웠다.

봉주르~
서래~~

설눈

고려 물냉면, 평양 온반

🍸 🅿

서울 서초구 서초대로46길 20-7
1층
TEL. 02-6959-9339

운영시간
11:00-21:00
휴식시간 15:00-17:00
토요일 휴무

주요 메뉴
고려 물냉면, 평양 온반, 녹두전

방문 날짜	20 . .	나의 평점	☆☆☆☆☆
방문 후기			

밥에 뜨거운 고깃국을 부은 뒤, 녹두전, 팽이버섯볶음을 올린 평양 온반. 훌훌 말아 먹는 모양새가 남한의 국밥과 비슷하다. 녹두전의 약간 떫은맛은 온반의 맛을 한결 살아나게 하고, 닭 육수로 낸 국물은 고소하면서 달큼하다. 쫄깃한 면발이 물건인 냉면도 훌륭하다.

냉면과 온반.
평양 음식이 눈앞에 있다.
냉면은 우리가 먹던 냉면과 맛이 다르고
온반은 친숙한 음식은 아니지만,
이 또한 시간이 해결할 것이다.

갯마을

게장 정식

서울 송파구 백제고분로34길 41
TEL. 02-422-4829

운영시간
11:00-21:30
휴식시간 15:00-17:00

주요 메뉴
게장 정식+조기탕, 갈치조림,
간재미탕, 갑오징어찜

| 방문 날짜 | 20 . . | 나의 평점 | ☆☆☆☆☆ |

방문 후기

고흥 출신의 주인이 고향의 방식대로 만든 음식들. 그래서일까, 반찬 하나하나에서 전라도의 향기가 은근히 풍긴다. 달큼한 살이 꽉 찬 간장게장과 부드럽게 매콤한 조기매운탕이 같이 나오는데, 이 조합이 참말로 예사롭지 않다. 앞으로 남도의 맛이 그리울 때마다 찾아가야겠다.

게장 정식과 조기탕 1인분에 11,000원.
반찬은 요란하지 않지만 봄은 밥상 가득합니다.
앉은 곳은 서울이지만 마음은 고흥에 가 있습니다.
아~ 남도의 넓은 맛이여~

일등바우

병어조림, 낙지촛국

서울 송파구 송이로20길 20
TEL. 02-448-8312

운영시간
10:00-22:00
휴식시간 15:30-17:00
일요일 휴무

주요 메뉴
병어조림, 낙지촛국, 민어회,
산낙지볶음

| 방문 날짜 | 20 . . | 나의 평점 | ☆☆☆☆☆ |

방문 후기

식초에다 막걸리 진액을 넣어서 만든 낙지촛국이 참 독특하다. 살짝 데친 낙지는 씹을 것 없이 부드럽고, 막걸리 향기는 은근히 올라오며 입맛을 돋운다. 병어조림은 국물이 제법 많은 편에다 꽤 얼큰한 편. 반찬으로 나오는 황석어조림과 남도식 생굴무침도 놓치면 안 된다.

낙지촛국은 막걸리 식초의 그리운 맛이 있다.
부뚜막의 막걸리 식초병, 뚜껑은 솔가지.
아버지는 항상 막걸리 마지막 잔을 싹 비우지 못하셨다.
막걸리를 남겨서 식초병에 부어 줘야 하니까….

장수식당

김치삼겹

서울 송파구 삼전로 95
TEL. 02-415-4148

운영시간
11:00-22:00
휴식시간 15:00-17:00
일요일, 공휴일 휴무

주요 메뉴
김치삼겹, 삽겹두루치기

나오자마자 우선 비주얼로 승부를 보는 김치삼겹. 주인장이 전부 알아서 해주니 손님들은 손댈 것이 없다. 고기가 어느 정도 익으면 단출한 양념으로 간을 한 깻잎대파무침을 넣어 같이 먹으면 된다. 특히 양이 중간쯤 남았을 때 볶음밥을 하는 게 단골들의 팁이다.

방문 날짜 20 . .	나의 평점 ☆☆☆☆☆
방문 후기	

원조 감자탕

비지감자탕

서울 송파구 오금로11길 30-5
TEL. 02-412-2032

운영시간
11:00-23:00

주요 메뉴
원조 감자탕, 비지감자탕, 찜닭, 닭도리탕

주문하면 즉시 갈아서 만드는 비지. 이 비지를 감자탕에 넣고 끓이면 새로운 맛의 비지감자탕이 탄생한다. 국물은 끓이면 끓일수록 뻑뻑해지며 구수함을 더해가고, 김치는 푹 익어서 달콤함만을 입안에 남긴다. 돼지고기도 비지 덕분인지 잡내 하나 없이 깔끔하다.

| 방문 날짜 20 . . | 나의 평점  |
| 방문 후기 | |

남한산성식당 마천점

오돌갈비

서울 송파구 마천로39길 5
TEL. 02-408-8866

운영시간
16:00-01:00
일요일 휴무

주요 메뉴
오돌갈비, 생삼겹살, 갈매기살

방문 날짜 20 . .	나의 평점 ☆☆☆☆☆
방문 후기	

하나하나 정성스레 잘 손질된 오돌뼈는 오도독오도독 씹는 재미가 있다. 이 오돌뼈를 연탄불 위에서 이리저리 굴려 가며 굽다 보면, 즉석에서 한 양념이 '착' 배여 그 맛이 더욱 살아난다. 특히 고추냉이와 청양고추가 들어간 간장소스에 찍어서 먹으면, 느끼함은 온데간데없다.

옹골찬 아낙의 오돌갈비 다지는 소리
"쿵 쿵 쿵 쿵"

한 번 더, 두 번 더
"쿵 쿵 쿵 쿵"

인천 · 경기 밥상

인천 · 경기 북부

인천

- **연백식당**(76p)
  밴댕이회, 밴댕이회무침
- **해장국집**(78p)
  해장국
- **마산집**(80p)
  우럭구이
- **중국물만두**(82p)
  배추고기물만두, 매운돼지위볶음, 마라두부
- **부암갈비**(83p)
  돼지생갈비, 젓갈볶음밥

파주

- **임진대가집**(84p)
  참게매운탕
- **은하장**(86p)
  유니짜장, 짬뽕, 고기튀김
- **심학산두부마을**(88p)
  통통장 정식
- **쉼골전통된장**(90p)
  들깨된장전골, 간장수육
- **장수대**(92p)
  황태해장국, 메밀고기전
- **국물없는우동**(94p)
  붓카케우동

양주

- **부일기사식당**(96p)
  부대찌개
- **평양면옥**(98p)
  꿩냉면, 닭무침
- **유명식당**(100p)
  자연산 버섯볶음, 자연산 버섯된장찌개
- **노고산로뎀나무**(102p)
  바베큐모둠

가평

- **송원막국수**(104p)
  막국수
- **샘말식당**(106p)
  되비지콩탕
- **민기남씨네솥뚜껑닭매운탕**(107p)
  닭매운탕
- **장모님댁**(108p)
  순댓국
- **명지쉼터가든**(110p)
  잣국수, 잣곰탕

경기 남부

양평

- **순흥식당(112p)**
  백반

- **초가(114p)**
  논 참게탕, 논 참게장

- **회령손만두국(116p)**
  회령 손만둣국, 회령 쟁반만두

- **표미숙국수(118p)**
  노가리찜, 열무국수

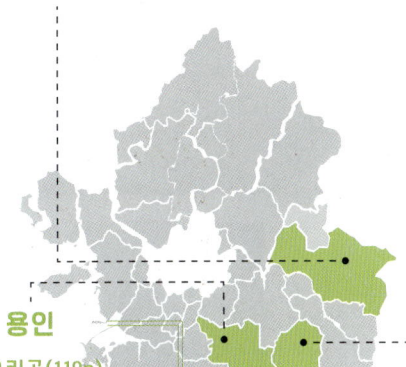

용인

- **한터장수오리골(119p)**
  오리로스구이, 누룽지볶음밥

- **금성식당(120p)**
  청국장, 하얀 순두부

- **교동면옥(122p)**
  평양냉면, 한우국밥

- **양지석쇠불고기(124p)**
  석쇠돼지불고기, 석쇠매운오징어

- **처인성토속음식(126p)**
  묵은지등갈비찜

- **고기리막국수(128p)**
  들기름막국수

이천

- **강민주의들밥(130p)**
  돌솥밥, 보리굴비, 간장게장

- **돌댕이석촌골농가맛집(132p)**
  볏섬만두전골

연백식당

밴댕이회, 밴댕이회무침

인천 중구 연안부두로 16
TEL. 032-883-4709

운영시간
09:00-20:30

주요 메뉴
밴댕이회, 밴댕이회무침

| 방문 날짜 20. . . | 나의 평점 ☆☆☆☆☆ |

방문 후기

> 세 자매가 같은 골목에서 각자 다른 밴댕이 요리를 선보인다. 둘째의 필살기는 밴댕이회. 빼어난 칼솜씨로 얇게 포를 뜬 밴댕이회는 비린 맛이 거의 없고 탄력이 있어 씹을수록 구수하다. 첫째네 서는 칼칼한 밴댕이조림을, 막내네 서는 3년 삭힌 밴댕이젓갈을 맛볼 수 있다.

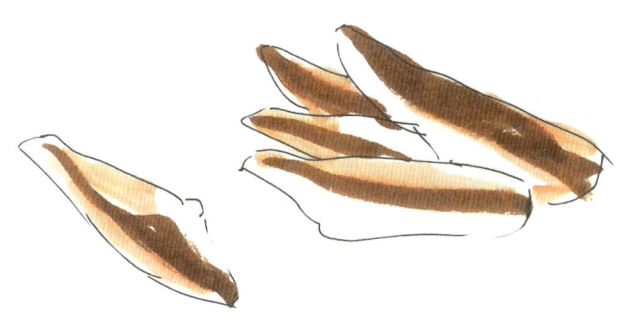

강화도 밴댕이의 아픈 기억을 이곳에서 털어냈다.
6월이면 인천을 올 일이다.
인천은 6월의 밴댕이다.
그동안 우습게 여겼던 밴댕이를 사랑하게 되었다.

해장국집

해장국

인천 동구 동산로87번길 6
TEL. 032-766-0335

운영시간
해장국 영업시간 05:00-10:30
설렁탕 영업시간 11:00-15:00

주요 메뉴
해장국, 설렁탕

방문 날짜	20 . .	나의 평점	☆☆☆☆☆
방문 후기			

여인숙 골목에 간판도 없는 집. 그러나 이미 알 만한 사람들은 다 아는 곳이다. 메뉴는 해장국과 설렁탕이 전부. 시간 맞춰 가지 않으면 금방 품절이다. 뚝배기 한가득 담긴 여러 부위의 고기와 한우 사골을 우린 깔끔한 국물을 먹다 보면 속이 뜨끈하게 풀린다.

해장하러 왔다가 해장술을 마시면
해장은 물 건너간다.
술을 부르는 해장국은
적군인가, 아군인가.

마산집
우럭구이

인천 미추홀구 경인로7번길 4
TEL. 032-883-8849

운영시간
15:00-21:00

주요 메뉴
민어회, 우럭구이, 갈치구이

방문 날짜 20 . .	나의 평점 ☆☆☆☆☆
방문 후기	

커다란 건우럭 한 마리가 통째로 구워져 나온다. 연탄불에 타지 않도록 굽는 게 주인장의 비법. 노릇노릇하게 잘 구워진 우럭은 담백하면서도 단맛이 올라오고, 양념장에 찍어 먹으면 촉촉하게 즐길 수 있다. 남도 백반처럼 한가득 나오는 반찬도 이 집의 히든카드다.

작은 타일을 붙인 테이블 위에
방석만 한 건우럭구이.
나는 그만 빈 술병 세는 걸 잊어버렸다.

중국물만두

배추고기물만두, 매운돼지위볶음, 마라두부

인천 부평구 주부토로32번길 27
TEL. 032-503-3723

운영시간
08:00-21:00

주요 메뉴
배추고기물만두, 매운돼지위볶음, 마라두부, 볶음면

중국 동북 출신의 주인장이 해주는 본토 중국 요리. 배추고기물만두는 다진 배추소가 두께감 있는 만두피와 어우러져 담백한 맛이다. 매운돼지위볶음도 자극적이지만 별로 기름지지 않고, 쫀득하니 씹는 식감이 좋다. 다진 고기가 들어가지 않는 본토 스타일 마라두부도 인기 메뉴다.

방문 날짜 20 . . .   나의 평점

방문 후기

부암갈비

돼지생갈비, 젓갈볶음밥

인천 남동구 용천로 149
TEL. 032-425-5538

운영시간
12:00-24:00
휴식시간 14:30-16:00
화요일 휴무

주요 메뉴
돼지생갈비, 젓갈볶음밥

일체 어떤 양념도 하지 않은 생돼지갈비만 파는 곳. 가게 앞은 이미 줄이 길고, 한 자리에서만 40여 년을 지켜온 역사의 흔적이 가게 곳곳에서 드러난다. 고기는 직원들이 전부 구워 주는데 육즙이 풍부하고 식감은 쫀득하며, 맛에 군더더기가 없다. 젓갈볶음밥도 필수 메뉴.

방문 날짜 20 . .   나의 평점 ☆☆☆☆☆

방문 후기

임진대가집

참게매운탕

경기 파주시 문산읍 임진나루길 80
TEL. 031-953-5174

운영시간
10:00-22:00

주요 메뉴
참게매운탕, 쏘가리매운탕

방문 날짜	20 . .	나의 평점	☆☆☆☆☆
방문 후기			

참게의 고소함과 채소의 달콤함이 제대로 녹아 있는 참게매운탕. 참게 살도 달큼하며 맛있지만, 특히 알은 어쩌면 이렇게 고소하면서 쫄깃쫄 깃할 수가 있는지 의문일 정도다. 직접 농사지은 재료로 만든 반찬도, 바삭바삭한 감자전도 아주 훌륭하다.

황복은 봄,
민물장어는 여름,
쏘가리는 가을,
참게는 겨울이 제맛이다.
인생도, 음식도 타이밍이 중요하다.

은하장

유니짜장, 짬뽕, 고기튀김

경기 파주시 문산읍 문향로 78
TEL. 031-952-4121

운영시간
11:00-21:00
월요일 휴무

주요 메뉴
짜장면, 유니짜장, 짬뽕, 고기튀김

방문 날짜	20 . .	나의 평점	☆☆☆☆☆
방문 후기			

유니짜장은 '육니짜장', 고기 육(肉), 진흙 니(泥) 자로 이뤄진 단어에서 나온 말로, 고기와 채소를 진흙처럼 잘게 다져 만드는 짜장이다. 부드러운 춘장 소스와 직접 뽑은 면, 청양고추의 매콤함이 완벽한 조화를 이루는 이 집의 유니짜장은 과연 소문이 날 만한 맛이다.

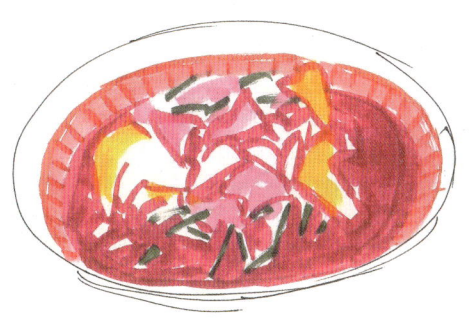

한국의 뉴욕이라는 문산에
시간이 멈춘 듯한 중국집이 있다.
무지 매운 짬뽕에 도전하고 싶다면
바로 이 집이다.

심학산두부마을

퉁퉁장 정식

경기 파주시 교하로681번길 16
TEL. 031-941-7760

운영시간
09:30-21:00
월요일 휴무

주요 메뉴
퉁퉁장 정식, 감자전, 해물두부전골

방문 날짜	20 . . .	나의 평점	☆ ☆ ☆ ☆ ☆
방문 후기			

청국장의 충청도 사투리인 '퉁퉁장'. 파주 특산물인 장단콩을 사용해 고소하기가 그지없으며, 우렁이, 고추, 양파 등 온갖 재료가 듬뿍 들어가 있다. 이 퉁퉁장 한 국자를 크게 떠서 여러 나물을 넣고 비빔밥을 해 먹으면 파주를 이 한 그릇 안에 다 넣은 것만 같다.

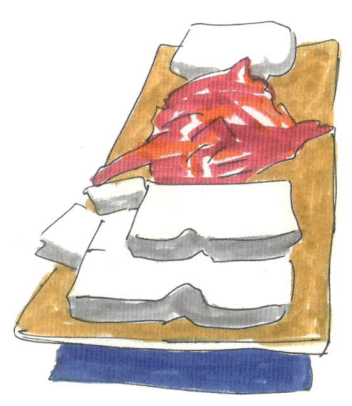

산밑 등산로 입구에는
두부집이 많습니다만,
이 집은 주인 부부의 품성이
두부 맛을 한층 올려줍니다.

쉼골전통된장

들깨된장전골, 간장수육

경기 파주시 탄현면 헤이리마을길
59-134 1층
TEL. 070-8875-1929

운영시간
11:00-15:00
월요일 휴무

주요 메뉴
된장 정식, 강된장 정식,
들깨된장전골, 간장수육

방문 날짜 20 . . .	나의 평점 ☆☆☆☆☆
방문 후기	

> 모던한 가게 분위기와 예쁘고 정갈한 반찬까지. 내가 온 집이 된장 전문점이 맞나 싶을 정도다. 들깨된장전골은 국물이 진하고 걸쭉하며 직접 담근 된장의 구수한 맛이 입안을 가득 채운다. 간장수육도 촉촉하면서 짜지 않고, 같이 나온 장아찌에 싸 먹으니 훌륭한 맛이다.

모던한 헤이리마을에
뜬금없는 된장집.
먹고 나니 이 동네 주춧돌이었네.

장수대

황태해장국, 메밀고기전

경기 파주시 지목로 17-27
TEL. 031-957-8818

운영시간
08:00-16:00

주요 메뉴
황태해장국, 황태막국수, 메밀고기전

방문 날짜 20 . .	나의 평점 ☆☆☆☆☆
방문 후기	

황태 한 마리가, 그것도 잘게 뜯어져 있는 것이 아닌 큼직하게 덩어리째 들어 있어 그 구수하고 쫀득한 맛이 일품이다. 국물도 마치 곰국을 먹는 듯이 깔끔하고 시원해 그릇째 들고 마시면, 없던 숙취까지 해장되는 기분이다. 이 동네 사람들은 술을 끊을 수가 없겠다.

끓어 넣은 황태는
콩기름 먹은 스펀지.
찢어 먹던 황태의 놀라운 변신.

국물없는우동

붓카케우동

경기 파주시 탄현면 새오리로 88
TEL. 031-944-7404

운영시간
11:30-20:30
휴식시간 15:00-17:30
월요일 휴무

주요 메뉴
오뎅붓카케우동, 새우붓카케우동,
떡붓카케우동, 계란밥

방문 날짜 20 . .	나의 평점 ☆☆☆☆☆
방문 후기	

면발로 이 동네를 평정했다는, 이미 맛있기로 주변에 소문이 자자한 집이다. 이곳의 붓카케우동은 면을 족타로 반죽해 그 쫄깃함이 타의 추종을 불허한다. 간장소스도 짜거나 달지 않아 면과 조합이 일품. 인기 메뉴인 계란밥도 튀김 가루가 아작아작 씹히는 것이 고소하다.

꼴 보기 싫으면
"너 국물도 없어!"
라고 합니다.
이 집 우동은
보이지 않는 국물이 가득합니다.

부일기사식당

부대찌개

경기 양주시 장흥면 호국로 557-2
TEL. 031-826-4108

운영시간
06:00-09:00
명절 당일 휴무

주요 메뉴
부대찌개, 김치찌개, 제육볶음

방문 날짜 20 . .	나의 평점 ☆☆☆☆☆
방문 후기	

2대째 운영하는 기사 식당. 멀겋게 나온 부대찌개가 한소끔 끓으면, 주인장이 손님 입맛에 따라 즉석에서 양념을 해주는 점이 특이하다. '민찌'라고 불리는 간 소고기와 각종 소시지를 골라 먹는 재미도 좋고, 여기서 나온 육즙이 걸쭉하게 녹아든 국물도 제맛이다.

다섯 가지 소시지가 짭조름한 맛을 낸다.
육수 만드는 방법은
딱 잘라 비밀이라 하니
대화의 벽이 생겼다가
주인의 미소에
숟가락 들고 냄비의 맛에 빠져든다.

평양면옥

꿩냉면, 닭무침

경기 양주시 장흥면 호국로 515
TEL. 031-826-4231

운영시간
11:00-21:00
명절 휴무

주요 메뉴
꿩냉면, 비빔냉면, 닭무침, 녹두지짐

방문 날짜 20 . .	나의 평점 ☆☆☆☆☆
방문 후기	

이렇게 메밀 향이 근사한 냉면은 처음이다. 육수에서는 진한 소고기 향이, 면발에서는 섬세한 메밀 향이 냉면의 맛을 완성한다. 뼈째 갈아 만든 꿩완자도 어디 가서 보기 힘든 이 집만의 별미. 토종닭으로 만든 닭무침도 새콤달콤하니 괜찮다. 과연 40년 내공이다.

진한 육수와
메밀 70%의 면에서 나는 맛과 향은
메밀밭이 보이게 만든다.
평양냉면이 아직 낯설다는 식객은
이 집 냉면이면 어김없이 친해질 것이다.

유명식당

자연산 버섯볶음, 자연산 버섯된장찌개

경기 양주시 광적면 부흥로 31
TEL. 031-871-4010

운영시간
09:00-20:00 (마지막 주문 19:30)

주요 메뉴
자연산 버섯볶음, 자연산 버섯된장찌개, 옻오리탕

방문 날짜 20 . .	나의 평점 ☆☆☆☆☆
방문 후기	

먹버섯, 싸리버섯, 땅느타리버섯, 밤버섯 등 생소한 자연산 버섯을 먹을 수 있는 곳. 버섯볶음은 밥에 비벼서 먹어야 버섯 각각의 맛을 제대로 즐길 수 있다. 여기에 주인장 자랑인 동치미 한 모금 곁들이면 최고의 맛. 반찬도 엄나무 순, 땅두릅, 고추찜 등 참 맛깔스럽다.

봄나물, 버섯 한 상 가득한데
이 집 총대장은 동치미이다.
이 동치미만 먹을 수 있다면
계속 겨울이어도 참을 만하다.

노고산로뎀나무

바베큐모둠

경기 양주시 장흥면 유원지로 83
TEL. 031-855-9121

운영시간
11:00-21:00 (전화 예약 필수)

주요 메뉴
바베큐모둠, 생갈비, 소고기바베큐

벚나무로 훈연한 삼겹살은 완벽하게 구워져 속이 촉촉하고 육즙이 흐를 듯 넘친다. 특히 수년간의 연구와 고된 작업 과정을 거쳐 만든 수제 베이컨은 훈연향과 벚나무의 달콤한 향이 어우러져 코와 입을 즐겁게 한다. 주인장이 흘린 땀방울이 빛을 발했다.

| 방문 날짜 20 . . | 나의 평점 ☆☆☆☆☆ |

방문 후기

"인생 뭐 있어?
이 맛에 사는 게지.
나 내일 출근 안 해."

송원막국수

막국수

📍 경기 가평군 가평읍 가화로 76-1
TEL. 031-582-1408

운영시간
11:30-19:00 (마지막 주문 18:00)
화요일 휴무

주요 메뉴
막국수, 제육

방문 날짜 20 . .	나의 평점 ☆☆☆☆☆
방문 후기	

메밀의 떨떠름한 맛과 향이 잘 느껴지는 이 집 막국수의 비결은 바로 반죽. 주문 즉시 시작한 반죽으로 만든 면에 숙성된 간장 양념을 올리니 메밀의 향이 양념에 파묻히지 않고 잘 살아 있다. 절반쯤 먹었을 때 육수를 부어 물막국수로 해 먹으면 또 다른 맛을 느낄 수 있다.

손님 주문 후 면 반죽을 시작해서
10분 뒤 나온 막국수.
줄 서서 기다린 보람을 찾았네.

샘말식당

되비지콩탕

경기 가평군 청평면 경춘로 1457
TEL. 031-582-7958

운영시간
07:00-20:30

주요 메뉴
되비지콩탕, 모두부, 두부전골

주인장이 농사지은 콩으로 만든 되비지콩탕. 순한 맛에 향이 구수하니 살아 있으며 시래기, 팽이버섯이 들어가 식감을 더한다. 직접 만든 두부에 두부 촛물을 붓고 새우젓으로 간을 한 모두부도 으뜸. 콩 맛도 제대로 나며, 새우젓의 찝찌름한 맛에 국물을 계속 떠먹게 된다.

방문 날짜 20 . .	나의 평점 ☆☆☆☆☆
방문 후기	

민기남씨네솥뚜껑닭매운탕

닭매운탕

경기 가평군 설악면 유명로 654-57
TEL. 031-585-3386

운영시간
09:30-18:00
주말 09:30-18:30
첫째, 셋째 화요일 휴무

주요 메뉴
닭매운탕(전화 예약 추천)

100년 된 씨간장으로 양념을 한 닭매운탕. 국물은 칼칼하면서도 자극적이지 않으며, 토종닭은 쫄깃하고 양념이 제대로 배어 있다. 무엇보다 산 아래, 탁 트인 가게의 분위기가 너무 괜찮아서 맛이 없을 수가 없는 곳. 여름철 땀 흘려가며 먹는 복날 음식으로도 괜찮다.

| 방문 날짜 20 . . | 나의 평점 ☆☆☆☆☆ |

방문 후기

장모님댁

순댓국

경기 가평군 설악면 자잠로 8
TEL. 031-584-7535

운영시간
08:30-18:00

주요 메뉴
순댓국, 두부전골

방문 날짜 20   .   .   .   나의 평점 ☆☆☆☆☆

방문 후기

막장을 넣고 끓여 짙은 색의 국물이 구수하면서도 시원한 것이 이 집 순댓국의 특색이다. 무엇보다 당면과 선지, 열무 시래기가 들어간 순대는 그 고소함에 감탄이 나올 정도. 반찬은 깍두기와 배추김치가 전부지만 무엇이 더 필요할까. 호주머니에 넣어 간직해 두고 싶은 곳이다.

뻣뻣한 주인 할머니의 막장으로 만든 순댓국은
유행타지 않은 시골의 풋풋한 맛까지 담았다.
먼 여행길의 나그네가 외롭지 않다.

명지쉼터가든

잣국수, 잣곰탕

경기 가평군 북면 가화로 777
TEL. 031-582-9462

운영시간
3월-11월 10:00-16:00
12월-2월 10:00-14:30

주요 메뉴
잣국수, 잣곰탕, 잣죽

방문 날짜 20   .   .   .   나의 평점 ☆☆☆☆☆

방문 후기

가평 명물인 잣의 맛을 제대로 경험할 수 있는 곳. 27년 경력의 사장님이 끓인 잣곰탕의 뽀얀 국물을 한 입 먹으면 잣 향으로 입안이 가득 찬다. 사라지는 게 아쉬워 빨리 먹기 싫을 정도. 듬뿍 들은 고기도 두툼하고 누린내 하나 없다. 쫄깃한 면발의 잣국수도 명불허전.

잣국수

잣곰탕

가평의 신천지 발견!

순흥식당

백반

경기 양평군 청운면 용두로139번길 16
TEL. 031-773-9036

운영시간
11:30-19:30
휴식시간 13:30-15:00
(전화 예약 필수)

주요 메뉴
백반, 돼지부속

방문 날짜	20 . . .	나의 평점	☆☆☆☆☆
방문 후기			

계절마다 각종 나물을 정성스럽게 무쳐 주시던 어머니가 절로 생각나는 곳. 동네 이웃들이 가져다주는 나물의 종류에 따라 그날그날 반찬의 종류가 달라지는 것도 특징이다. 단돈 6,000원에 구수한 냉이된장찌개까지 나오니, 그냥 이 동네에서 살고 싶어진다.

냉이, 취, 방풍, 비름, 미나리, 세삼, 열무….
봄의 향기가 밥상에 꽉 찼구나.
스트라빈스키의 〈봄의 제전〉이 들려 오누나.
세상은 어지러워도
여지없이 찾아오는 봄은 왜 그다지도 고마운지….

초가

논 참게탕, 논 참게장

경기 양평군 강하면 왕창로 34
TEL. 031-772-4849

운영시간
10:30-20:00 (마지막 주문 19:30)
마지막 주 월요일 휴무

주요 메뉴
논 참게탕, 논 참게장, 매운탕

방문 날짜 20 . .	나의 평점 ☆☆☆☆☆
방문 후기	

직접 담근 된장과 고추장으로 맛을 낸 참게탕. 시원한 국물과 달큼한 참게 살, 잘 말린 시래기의 삼박자가 완벽하다. 젓가락으로 발라 먹기 힘들다는 핑계도 잠시, 먹다 보면 어느새 양손에 참게를 들고 있다. 같이 나온 백김치도 무려 사골 국물로 담가 그 시원함이 으뜸이다.

논 참게탕, 논 참게장.
참게는 많이 봤지만 이렇게 크고 실한 놈은 처음이다.
이놈과 100년 된 가옥은 잘 어울린다.
게탕도 좋았지만 게장은 왜 그렇게 단맛이 많은지….
분명 물을 들이켤 것이 예상됐지만
남은 한 마리를 입에 넣고 말았다.

회령손만두국

회령 손만둣국, 회령 쟁반만두

경기 양평군 용문면 용문로 827
TEL. 031-775-2955

운영시간
08:00-20:00
수요일 휴무

주요 메뉴
회령 손만둣국, 회령 쟁반만두

방문 날짜 20 . .	나의 평점 ☆☆☆☆☆
방문 후기	

함경북도 회령 출신의 시어머니 손맛을 그대로 이은 며느리가 운영하는 40년 된 만둣집. 얇은 피에 담백한 속이 가득 찬 만두를 살얼음 동동 떠 있는 물김치와 함께 먹으면 환상의 조합이다. 한우 양지를 끓인 육수에 별다른 고명 없이 나오는 만둣국도 일품이다.

만두와 물김치의 찰떡궁합.
"북에서 내려온 맛, 남에서 꽃피웠네!"

표미숙국수

노가리찜, 열무국수

경기 양평군 옥천면 백현길 4
TEL. 031-774-6469

운영시간
11:00-22:00
목요일 휴무

주요 메뉴
노가리찜, 열무국수

열무김치와 간장만 들어가, 열무 맛 제대로 즐길 수 있는 비빔국수. 여기에 세숫대야만 한 그릇에 담겨 나오는 동치미 국물 한 모금하면 세상 부러울 것이 없다. 톡톡 터지는 메추리알과 잘 익은 통마늘이 들어간 노가리찜도 놓칠 수 없는 별미다.

| 방문 날짜 | 20   .   .   . | 나의 평점 | ☆☆☆☆☆ |

방문 후기

한터장수오리골

오리로스구이, 누룽지볶음밥

경기 용인시 처인구 양지면 한터로 662번길 39
TEL. 031-321-0860

운영시간
11:00-21:00

주요 메뉴
오리로스구이, 오리양념구이, 누룽지볶음밥

요즘 어디 가서 보기 힘든 돌판, 일명 '쑥돌'에다 구운 오리고기를 먹을 수 있는 곳. 기름기가 깔끔하게 손질되어 느끼하지 않고, 돌판에서 구워 적당히 불 맛이 살아 있다. 마무리로 먹는 누룽지치즈볶음밥은 치즈를 반기지 않는 나조차도 설득하는 맛이다.

방문 날짜 20 . .	나의 평점 ☆☆☆☆☆
방문 후기	

금성식당

청국장, 하얀 순두부

경기 용인시 처인구 양지면 남평로 16
TEL. 050-7724-7488

운영시간
09:00-21:00
월요일 휴무

주요 메뉴
청국장, 하얀 순두부, 황태구이

방문 날짜 20 . . .	나의 평점 ☆☆☆☆☆
방문 후기	

삼 일 띄운 청국장으로 만든 찌개와 토속적이고 건강한 반찬들. 청국장은 매콤하면서 코를 팍팍 쏘며, 콩이 구수하게 씹힌다. 듬뿍 떠서 입에 넣으면 제대로 된 청국장을 먹고 있다는 생각이 절로 든다. 수제 양념장 올려 먹는 하얀 순두부도 놓칠 수 없는 메뉴다.

머언 기억이 꾸물거린다.
퀴퀴한 청국장 냄새가
온 집안을 정복했을 때
어머니의 한 마디.

"구석에 이불 덮어 놓은 것 들썩이지 마라.
맛있는 냄새 나간다."

그 맛있는 청국장을 용인에서 만났다.

교동면옥

평양냉면, 한우국밥

경기 용인시 기흥구 마북로 135
TEL. 031-548-4633

운영시간
11:00-21:00(재료 소진 시 조기 마감)
휴식시간 15:00-17:00
월요일 휴무

주요 메뉴
평양냉면, 비빔냉면, 한우국밥,
통북어해장국

방문 날짜 20. . .	나의 평점 ☆☆☆☆☆
방문 후기	

30년 경력의 특급 호텔 출신의 셰프가 운영하는 식당. 한우 사태로 만든 육수와 메밀 향 솔솔 나는 면발로 만든 평양냉면이 제대로다. 한우 국밥은 고기의 육질이 살아 있으며, 정갈하게 내온 반찬에서는 정성이 가득하다. 앞으로 다닐 식당이 하나 더 생겼다.

아파트촌에 작은 밥집.
동네 아낙의 사랑 독차지하겠네.
저쪽 구석에 앉은 영만이에게도 한 그릇 주소.

양지석쇠불고기

석쇠돼지불고기, 석쇠매운오징어

경기 용인시 처인구 양지면 남곡로 4
TEL. 031-339-0285

운영시간
11:00-21:00
일요일 11:00-20:00
명절 당일 휴무

주요 메뉴
석쇠돼지불고기, 석쇠매운오징어,
석쇠고추장불고기

방문 날짜 20 . .	나의 평점 ☆☆☆☆☆
방문 후기	

숯불 위에서 석쇠로 계속 뒤집어 가며 구운 돼지고기. 불 맛이 제대로 나는 데다 같이 구운 대파는 풍미를 더해 준다. 매운 오징어구이는 고춧가루로만 양념해 깔끔하고, 밥에 비벼 먹으면 한 그릇이 금방이다. 태우지 않고 속까지 골고루 잘 익혀 내는 기술이 돋보이는 집이다.

오징어구이의 매운맛이 입술을 꼬집는다.
며칠 안에 또 한 번 입술을 꼬집히고 싶다.
비가 올 때….
사는 것이 힘들 때….
연락 없이 떠난 애인 때문에 화가 났을 때….
이 집으로 달려올 일이다.

처인성토속음식

묵은지등갈비찜

경기 용인시 처인구 남사면 처인성
로827번길 116-3
TEL. 031-321-3813

운영시간
10:30-20:30
월요일 휴무

주요 메뉴
묵은지등갈비찜, 묵은지두부전골

방문 날짜 20 . .	나의 평점 ☆☆☆☆☆
방문 후기	

한적한 시골 외딴곳에 자리 잡은 식당. 묵은지등갈비찜이 메인 메뉴다. 국물은 김치 맛이 세지 않으면서 시원하며, 고기는 부드럽고 갈빗대 뜯는 재미가 있다. 특히 주인이 직접 농사지은 쌀로 한 밥맛이 일품. 가게 주변에서 딴 채소로 만든 반찬도 감탄이 나온다.

열은 초록색 꽉 차버린 용인 처인구 들판.
망촛대나물과 묵은지등갈비찜에
봄볕이 더욱 눈부시구나.

고기리막국수

들기름막국수

경기 용인시 수지구 이종무로 157
TEL. 031-263-1107

운영시간
11:00-21:00 (마지막 주문 20:20)
화요일 휴무

주요 메뉴
들기름막국수, 수육

방문 날짜 20　.　.　.　　나의 평점 ☆☆☆☆☆

방문 후기

손님의 발길이 끊이지 않는 집. 메밀 함량 100%의 면발을 간장과 들기름으로 비빈 뒤, 간 깨와 김 가루를 뿌린 들기름막국수가 대표 메뉴다. 절반쯤 먹다가 육수를 부어서 먹으면 들기름 향이 입안 한가득 퍼진다. 유일한 반찬인 배추 물김치와의 조합도 끝내준다.

선비의 단아한 모습,

품위까지 넘쳐

젓가락이 면에 다가가지 못할 정도다.

이 집 문을 나서니 봄꽃은 안 보이고 메밀꽃만 보인다.

아아, 벌써 한여름….

강민주의들밥

돌솥밥, 보리굴비, 간장게장

경기도 이천시 마장면 지산로22번길 17
TEL. 031-637-6040

운영시간
11:00-21:00

주요 메뉴
돌솥밥, 보리굴비, 간장게장

방문 날짜 20 . .	나의 평점 ☆☆☆☆☆
방문 후기	

밥상의 주인인 밥이 제맛인 집. 최적의 환경에서 자란 이천 쌀로 지은 밥은 향기가 구수하니 아주 일품이다. 여기에 깔끔하고 짜지 않은 보리굴비 한 점 얹어 먹으면 고개가 절로 끄덕여진다. 제주도 연안 모래 해변에 사는 금게로 담근 간장게장도 부드럽게 씹히는 맛이 참 별미다.

이천 농부들은 들밥 자시느라 해 넘어가는 줄 몰랐겠다.
임금님 진상용 쌀은 언제 생산하실 작정인가 ㅎㅎ.

돌댕이석촌골농가맛집

볏섬만두전골

경기 이천시 호법면 송갈로 102-8
TEL. 031-632-9540

운영시간
11:00-20:00
휴식시간 15:00-16:00
화요일 휴무

주요 메뉴
볏섬만두전골, 촌밥, 청국장

방문 날짜 20 . .	나의 평점 ☆☆☆☆☆
방문 후기	

볏섬만두는 정월 대보름날 아침에 풍년을 기원하며 쌀가마니 모양으로 빚어 먹는 만두였다고 한다. 그 속은 게걸무(이천 지역의 토종 무) 시래기와 각종 나물이 들어가 특유의 단단한 식감이 매력적이다. 이천에서만 먹을 수 있는 만두라 여운이 오래갈 것 같다.

다른 만두와 모양과 맛이 다르다.
오색 만두피로 만든 만두의 내용물은
게걸무의 이파리.
질긴 줄기가 씹히지만
볏섬만두는 오래 기억할 듯하다.

강원 밥상

강원도

철원
- 갓냉이국수(158p)
  갓냉이한우버섯전골 국수 정식
- 내대막국수(160p)
  물막국수, 편육
- 솔향기(162p)
  손만두버섯전골

고성
- 항포구(146p)
  산오징어회
- 40년전통오미냉면(148p)
  냉면
- 삼거리기사식당(150p)
  백반 정식

속초
- 곤드레밥집(152p)
  곤드레돌솥밥, 굴돌솥밥
- 88생선구이(154p)
  생선구이 모둠 정식
- 감자바우(156p)
  감자옹심이

홍천
- 오대산내고향(138p)
  산채 백반
- 신토불이(140p)
  고등어두부구이
- 원미막국수(142p)
  약밥닭
- 제일숯불구이(144p)
  고추장돼지갈비

영월
- 박가네(164p)
  어수리더덕 정식
- 제천식당(165p)
  꼴두국수
- 노루목상회식당(166p)
  도토리묵밥, 감자전
- 쌍용집(168p)
  불고기
- 장릉보리밥집(170p)
  보리밥

오대산내고향

산채 백반

강원 홍천군 내면 구룡령로 6898
TEL. 010-4752-7787

운영시간
09:00-20:00
일요일, 명절 휴무
12월-4월은 예약만 받습니다.

주요 메뉴
산채 백반, 두부전골, 산채비빔밥

방문 날짜 20 . .	나의 평점 ☆☆☆☆☆
방문 후기	

깊은 산 속 옹달샘처럼 홍천 산골짜기에 있는 산채 백반집. 개미취, 강활, 눈개승마 등 처음 들어보는 나물 반찬이 밥상 가득 나온다. 게다가 주인이 직접 재배하거나 동네 이웃들로부터 사 오는 나물이라 그 신선함이 남다르다. 각 나물의 특성이 잘 살아있는 조리법에 입이 즐겁다.

곰취, 강활, 눈개승마, 당귀, 표고,
고비, 산갓, 삼나물, 땅두릅, 개미취.
나물 맛을 느끼고 싶으면 천천히 잡수소.
빨리 잡수면 향 가득한 이 봄이 쉬~ 가버려 슬피 울겠소.

신토불이

고등어두부구이

강원 홍천군 화촌면 굴운로75번길 20-5
TEL. 033-436-7789

운영시간
10:00-16:00
일요일 휴무

주요 메뉴
고등어두부구이, 두부구이, 두부전골

방문 날짜 20 . . 나의 평점 ☆☆☆☆☆

방문 후기

상상도 못 한 조리법에 '갸우뚱'하던 고개는, 한 입 먹어보면 '끄덕'으로 바뀐다. 갓 짠 들기름으로 구운 두부와 고등어는 비리지 않고 고소한 맛만 가득해 계속 젓가락질을 부른다. 이틀간 띄운 비지로 만든 비지찌개도 쿰쿰한 내음이 나면서 먹으면 먹을수록 별미.

고등어두부구이.
화장하지 않은 투박한 시골 음식.
이 집의 진가를 느껴야 진정한 음식 고수다.
식객 대부분의 평가가 좋지 않겠지만….
나는….

원미막국수

약밥닭

강원 홍천군 화촌면 가락재로 1273
TEL. 033-435-2961

운영시간
10:00-19:00

주요 메뉴
약밥닭(1-2시간 전 전화 예약 필수),
백숙, 닭볶음탕, 도토리묵

방문 날짜 20 . .	나의 평점 ☆☆☆☆☆
방문 후기	

황기, 감초, 녹각 등 아홉 가지 귀한 재료를 넣어 만드는 약밥닭. 약밥에는 각종 한약재가 그대로 들어있지만, 냄새가 강하지 않아 먹기가 좋다. 닭백숙은 쫄깃한 육질이 으뜸. 이 백숙 국물에 약밥을 말아 시원한 강원도 김치 한 점 얹어 먹으면 이만한 몸보신이 없다.

닭이라고 전부 닭이더냐.
'약밥닭'의 닭이 진짜다.
더불어 겨울을 견딘 김장 김치의 깊은 맛은
강원도의 늦봄을 가지 말라 붙잡는구나.

제일숯불구이
고추장돼지갈비

강원 홍천군 홍천읍 너브내길 49
TEL. 033-435-4123

운영시간
16:00-21:00
일요일 휴무

주요 메뉴
고추장돼지갈비, 고추장삼겹살

요즘 맛보기 힘든 고추장돼지갈비를 무려 45년간 고수해온 고집 있는 집. 친정 엄마에게 물려받은 비법으로 담근 고추장을 갈빗살에 가볍게 양념한 뒤, 숯불에서 빠르게 굴려 가며 구우면 이보다 더 완벽할 수 없다. 거기다 시원한 열무국수도 함께하면, 천상의 조합.

방문 날짜 20 . .	나의 평점 ☆☆☆☆☆
방문 후기	

항포구

산오징어회

강원 고성군 거진읍 거진항1길 13
TEL. 033-682-1225

운영시간
07:00-20:00

주요 메뉴
산오징어회, 오징어순대, 매운탕

방문 날짜 20 . .   나의 평점 ☆☆☆☆☆

방문 후기

> 고성 토박이 주인장이 눈앞에서 오징어를 부위별로 썰어준다. 몸통은 쫄깃해서 씹을수록 단맛이 올라오고, 디리는 단단해 오도독한 식감이 아주 좋다. 지느러미는 부드러우면서 깊은 맛을 내는 게 특징. 새콤하면서 옅은 맛의 물회도 부담 없이 술술 들어간다. 초여름의 특미.

8년 만의 오징어 풍년.
이런 주기라면 10년 만에 오징어 구경할지 모른다.
과거의 흔한 오징어가 아니다.
꼭꼭 씹어먹고 쭉쭉 빨아먹자.

40년전통오미냉면

냉면

강원 고성군 토성면 아야진해변길 73
TEL. 033-633-4598

운영시간
5월-10월 10:30-19:00
휴식시간 15:00-16:30
첫째, 셋째 수요일 휴무(10월-3월)

주요 메뉴
냉면, 수육

방문 날짜 20 . .	나의 평점 ☆☆☆☆☆
방문 후기	

> 4대가 이어 오고 있는 함흥식 명태회냉면. 가게에 적힌 방법대로 양념장과 설탕, 식초, 겨자를 넣고 육수를 취향껏 넣으면 함흥냉면이 완성된다. 고구마 전분으로 만든 면발은 탄력이 있고 국물은 간이 잘 되어 있으며, 알맞게 숙성된 명태회도 냉면과 찰떡이다.

할머니, 아들, 손자가 손 맞잡고 맛을 지켜낸다.
이런 집이면 IMF가 두렵겠나,
코로나19가 두렵겠나.

삼거리기사식당

백반 정식

강원 고성군 거진읍 대대3길 7
TEL. 033-682-4458

운영시간
06:00-14:00

주요 메뉴
백반 정식(메뉴는 매일 바뀝니다.)

방문 날짜 20 . .	나의 평점 ☆☆☆☆☆
방문 후기	

백반 정식 하나로 승부를 보는 집. 9,000원에 나오는 십여 가지 반찬들의 전체적인 맛의 조화가 좋다. 고등어조림은 짭조름한 고등어에 투박하게 썰어 넣은 무로 짠맛을 중화시키고, 꽁치조림은 꽁치의 고소한 맛이 살게 감자를 넣는다. 주인장 내공이 만만치 않다.

"따지지 말고 주는 대로 드시오잉."
고성에서 영암 사투리 쓰는 주인장 말마따나 단일 메뉴다.

곤드레밥집

곤드레돌솥밥, 굴돌솥밥

강원 속초시 법대로 18-1
TEL. 033-631-3780

운영시간
10:00-20:00
휴식시간 14:00-17:00

주요 메뉴
곤드레돌솥밥, 굴돌솥밥, 영양돌솥밥

방문 날짜 20 . .	나의 평점 ☆☆☆☆☆
방문 후기	

쌉싸름한 곤드레밥과 다섯 가지 나물 반찬, 집에서 담근 막장으로 끓인 된장찌개의 조합을 더 말해 무엇하랴. 통영에서 올라온 굴로 지은 굴밥도 간장 양념장을 넣고 비벼 먹으니 참 맛깔지다. 배를 채우는 게 아니라 약을 먹는 것 같은 기분이 드는 건강한 밥상이다.

곤드레밥은 다른 곳에도 많지만,
속초의 바다를 배경으로 맛본 곤드레밥은
잠시 시간을 잊게 만들었다.

88생선구이

생선구이 모둠 정식

강원 속초시 중앙부두길 71
TEL. 033-633-8892

운영시간
08:30-21:00
휴식시간 점심 후-17:30

주요 메뉴
생선구이 모둠 정식

방문 날짜 20 . .	나의 평점 ☆☆☆☆☆
방문 후기	

> 고등어, 메로, 삼치, 도루묵, 청어 등 아홉 가지 생선을 숯불에 구워 먹을 수 있는 곳. 생선이 석쇠에 들러붙지 않도록 직원들이 알아서 잘 구워주니, 그저 기다리기만 하면 노릇노릇한 생선구이 완성이다. 간이 적절하게 잘 되어 고소하기 그지없으니 밥 한 그릇이 모자라다.

설악산을 내려오던 선머슴은 70살이 넘었는데
이 집 생선구이 맛은 그때 그대로네.
나만 변한 것 같아 서글픔이 드는구나.

감자바우

감자옹심이

강원 속초시 청초호반로 239
TEL. 033-632-0734

운영시간
09:30-20:00
명절 당일 휴무

주요 메뉴
감자옹심이, 가자미회덮밥,
오징어회덮밥

방문 날짜	20 . .	나의 평점	☆☆☆☆☆
방문 후기			

예로부터 강원도에선 귀한 손님이 오시면 감자옹심이를 만들어 대접했다고 한다. 투명한 색의 옹심이는 쫀득쫀득 씹히고, 국물도 자극적인 맛 하나 없어 부담 없이 술술 들어간다. 먹을 것 귀하던 시절, 우리네 배를 채워주던 감자는 지금도 참 고맙고 맛있는 음식이다.

옹심이는 귀한 손님이 오셨을 때 내놓았던 음식이라는데
평소에는 어떤 식사를 했을까?
강원도 밥상은 겸손을 가르치네.

갓냉이국수

갓냉이한우버섯전골 국수 정식

강원 철원군 서면 자등로 611
TEL. 033-458-3178

운영시간
11:00-14:00(마지막 주문 13:30)
휴식시간 14:00-17:00
17:00-20:00(마지막 주문 19:30)

주요 메뉴
갓냉이한우버섯전골 국수 정식

방문 날짜	20 . .	나의 평점	☆ ☆ ☆ ☆ ☆
방문 후기			

톡 쏘는 맛이 갓과 비슷한 '갓냉이'는 '산갓', '는쟁이냉이'라고도 불리며, 혀를 바늘로 콕콕콕 찌르는 듯한 맛이 새롭다. 그래서인지 갓냉이국수 국물은 일반 동치미보다 더 시원하고 달큼하다. 게다가 한우버섯전골의 고기 한 점까지 얹어 먹으면, 철원까지 달려온 보람이 있다.

갓도 아닌 것이, 냉이도 아닌 것이
둘이 합치니 존재감 드러나네.
한탄강의 숨겨진 비경처럼
철원의 숨겨진 보석이었네.

내대막국수

물막국수, 편육

강원 철원군 갈말읍 내대1길 29-10
TEL. 033-452-3932

운영시간
11:00-20:30

주요 메뉴
물막국수, 비빔막국수, 편육

메밀을 농사는 물론, 직접 제분까지 하는 이 집의 막국수는 다른 데보다 훨씬 구수하다. 힘든 과정임에도 손님들이 벌써 맛을 알아 버려 바꿀 수가 없단다. 면은 씹으면 씹을수록 메밀 향이 입에 확 퍼지고, 달달한 맛이 은근히 올라온다. 향기가 있는 음식은 기억에 오래 남는다.

| 방문 날짜 20 . . | 나의 평점  |

방문 후기

솔향기

손만두버섯전골

강원 철원군 동송읍 금학로 31-10
TEL. 033-455-9259

운영시간
12:00-21:30
휴식시간 15:00-17:30
첫째, 셋째 월요일 휴무

주요 메뉴
손만두버섯전골, 손칼국수버섯전골,
야채죽

| 방문 날짜 | 20 . . | 나의 평점 | ☆☆☆☆☆ |

방문 후기

> 이북과 가까워서 그럴까. 음식에서 북쪽의 맛이 넌지시 드러난다. 직접 빚은 손만두에는 독특하게도 채 썬 무가 들어가는데, 이북 출신 조부모의 방식을 주인장이 그대로 따랐다고 한다. 만두는 살짝 매콤하면서 단맛이 뒤에 올라오고, 전골 국물은 자극적이지 않아 좋다.

손만두버섯전골도 좋았지만,
그 뒤에 만난 죽은 ART였다!!

박가네

어수리더덕 정식

강원 영월군 영월읍 중앙로 149
TEL. 033-375-6900

운영시간
11:00-20:00
휴식시간 15:00-17:00
둘째, 넷째 월요일 휴무

주요 메뉴
곤드레더덕 정식, 어수리더덕 정식

단종의 유배지인 영월에서 맛보는, 그가 좋아했다던 나물 밥상이다. 더덕장아찌, 곤드레장아찌, 두릅이 반찬으로 나오니 진정 시골 밥상이 따로 없다. 무엇보다 미나리과의 산나물인 '어수리'로 한 밥은 밥내가 향긋한 데다, 씹을수록 고소한 맛이 슬그머니 올라오는 것이 참 좋다.

방문 날짜 20   .   .   나의 평점 ☆☆☆☆☆

방문 후기

제천식당

꼴두국수

강원 영월군 주천면 도천길 3
TEL. 033-372-7147

운영시간
09:00-21:00

주요 메뉴
꼴두국수, 막국수, 냉면, 비빔막국수

배고픈 시절, 지겹도록 먹어 꼴도 보기 싫다는 데서 유래한 이름의 꼴두국수는 이제 강원도의 별미가 되었다. 감자 고명과 메밀이 들어간 면, 고추장으로 삼삼하게 간을 한 국물은 강원도 음식이란 무엇인지 제대로 보여 준다. 투박한 모양에다 무가 들어간 군만두도 일품이다.

| 방문 날짜 | 20 . . | 나의 평점 | ☆☆☆☆☆ |

방문 후기

노루목상회식당

도토리묵밥, 감자전

강원 영월군 김삿갓면 김삿갓로 216-3
TEL. 033-374-2738

운영시간
06:00-18:00

주요 메뉴
도토리묵밥, 도토리무침, 감자전

방문 날짜 20 . . .	나의 평점 ☆☆☆☆☆
방문 후기	

> 80세가 넘은 노부부가 40년 내공으로 선보이는 뜨끈한 도토리묵밥. 이 작은 그릇에 김치와 다진 고추장아찌, 도토리묵까지 별의별 맛이 다 들어 있다. 그러면서도 도토리의 떫은맛은 사라지지 않고 제대로 나니 전체적인 조화가 아주 좋다. 감자전도 놓쳐서는 안 될 메뉴.

감자전, 묵밥도 좋지만
노부부의 인생이 더 맛깔지다.

쌍용집

불고기

강원 영월군 한반도면 쌍용로 176-2
TEL. 033-372-5139

운영시간
10:30-20:00
월요일 휴무

주요 메뉴
불고기, 백반 정식

| 방문 날짜 | 20 . . | 나의 평점 | ☆☆☆☆☆ |

방문 후기

> 서울식도, 강원도식도 아닌 이 집만의 특색이 고스란히 담긴 불고기 한 상. 동그란 판의 가운데 볼록하게 솟아 있는 부분에는 불고기를 올리고, 움푹 패여져 있는 부분에는 비밀 육수를 붓는다. 불고기 위로 육수를 조금씩 끼얹어 가며 먹는데, 뭐라 더 말할 것 없이 맛있다.

불고기는 삼 일 숙성시킨다는 것뿐,
육수 만드는 방법을 못 들은 척하고 맙니다.
나도 남의 비밀 캐는 탐정이 아닌지라
그러려니 하고 넘겼습니다.

장릉보리밥집

보리밥

강원 영월군 영월읍 단종로 178-10
TEL. 033-374-3986

운영시간
11:30-18:00

주요 메뉴
보리밥, 도토리묵, 더덕구이

| 방문 날짜 | 20 . . | 나의 평점 | ☆☆☆☆☆ |
| 방문 후기 | | | |

> 주문 즉시 무친 나물을 감자 들어간 보리밥에 넣고 슥슥 비벼 먹는다.
> 바로 무쳐서 그런지 나물이 아삭아삭한 것이, 꼭 방금 뜯어온 것처럼
> 신선한 느낌이다. 된장찌개는 덩어리가 씹히면서 구수하니 딱 옛날에
> 먹던 그 맛. 정말로 어머니 생각이 안 날 수가 없는 밥상이다.

장릉에 누워 계신 단종께서는 이 맛을 보셨나이까.
90세 할머니의 살아 있는 밥상이 여기 있사옵나이다.

충청 밥상

충청남도

태안
- 산장가든(176p)
  연잎밥 정식
- 정아횟집(178p)
  전복밥
- 메꿀레분식(180p)
  칼국수, 콩국수
- 선창회마차(182p)
  통우럭양념구이

천안
- 가산한정식(184p)
  가산 정식
- 미라골미담식당(186p)
  짜글이
- 정통옥수사(188p)
  칼국수, 수육
- 청화집(189p)
  순대, 순대국밥
- 청룡원조매운탕(190p)
  민물새우매운탕, 민물새우튀김

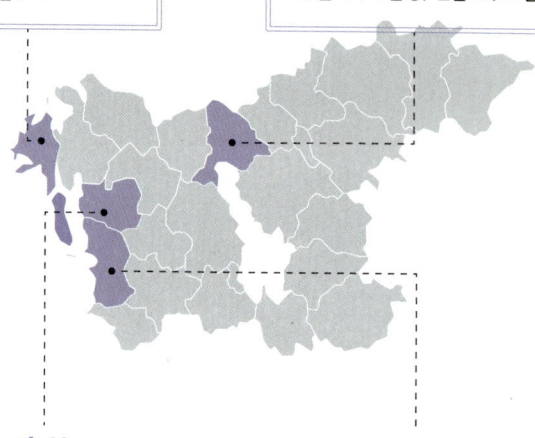

홍성
- 홍홍집(192p)
  소머리국밥
- 갈매기횟집(194p)
  굴밥, 굴물회
- 깜씨네(196p)
  갈매기살, 칼국수

보령
- 서부식당(198p)
  백반
- 고기요(200p)
  키조개삼겹살 set

충청북도

충주

- 삼정면옥(202p)
  편육, 수육, 물냉면

- 올뱅이식당(204p)
  올갱이해장국

- 들림횟집(206p)
  송어회

- 수영식당(208p)
  돼지두루치기

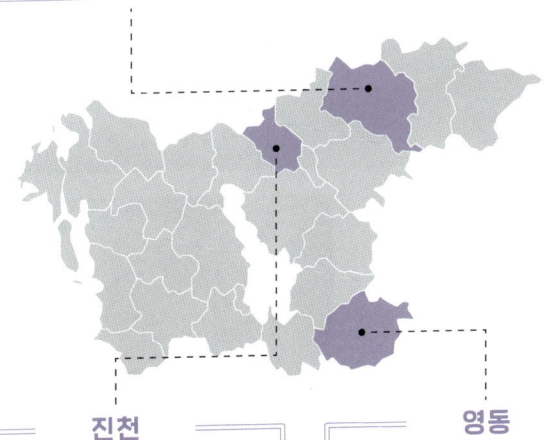

진천

- 청해식당(210p)
  손칼국수

- 할머니집(212p)
  오리목살참숯구이, 오리목살짜글이

- 농민쉐프의묵은지화련(214p)
  묵은지갈비전골

영동

- 동정리보경가든(216p)
  청국장, 시래기

- 갑돌갈비(218p)
  갑돌(고추장) 갈비, 갑순(간장) 갈비

산장가든

연잎밥 정식

충남 태안군 태안읍 상도로 49-57
TEL. 041-672-9945

운영시간
11:30-15:00
화요일 휴무

주요 메뉴
연잎밥 정식

| 방문 날짜 | 20   .   . | 나의 평점 | ☆☆☆☆☆ |
| 방문 후기 | | | |

> 메뉴는 연잎밥 하나에. 오후 3시까지 점심 장사만 하는 집. 향긋한 연잎밥은 밥알 씹는 맛이 살아 있고, 같이 나온 고추장을 곁들이면 또 다른 맛을 즐길 수 있다. 산고사리, 원추리, 땅두릅 등 주인장이 직접 딴 나물로 한 반찬에서도 만만치 않은 내공이 느껴진다.

오후 3시면 장사를 접고 산을 헤맨다.

밥상에 올릴 나물, 버섯을 채취해서 손님 밥상에 올린다.

연잎밥은 배도 채우고 건강도 채운다.

정아횟집

전복밥

충남 태안군 근흥면 신진부두길 130
TEL. 041-675-8080

운영시간
09:30-20:00

주요 메뉴
생선 정식, 우럭매운탕, 전복밥

주인장의 남편과 아들이 전복 양식을 하는 덕에 전복회가 무려 반찬으로 나오는 집. 주문 즉시 만드는 전복밥은 쫄깃한 전복 살에 내장의 고소한 맛까지 더해져 바다를 그대로 옮겨 놓은 듯하다. 곰피, 가시리, 직접 심은 갓으로 담근 갓김치까지. 진짜 태안 밥상이 여기 있다.

방문 날짜 20 . .	나의 평점 ☆☆☆☆☆
방문 후기	

정말 아무도 없다~
오후 내내 혼자 걸었다
이렇게 좋은 곳을 이제야 오다니…

메꿀레분식

칼국수, 콩국수

충남 태안군 태안읍 시장3길 43-5
TEL. 041-673-2144

운영시간
10:00-21:00

주요 메뉴
칼국수, 콩국수, 잔치국수

방문 날짜 20 . . .   나의 평점 ☆☆☆☆☆
방문 후기

단돈 3,500원에 제대로 된 바지락 칼국수를 먹을 수 있는 곳. 남편이 서해안 갯벌에서 바지락을 캐오면, 아내는 밤새 숙성한 반죽으로 면을 뽑는다. 국물은 시원하고, 면발은 쫄깃한 데다 밀가루 냄새가 전혀 나지 않는다. 직접 키운 네 가지 콩을 갈아 만든 콩국수도 일품.

젓가락질 한 번에 국수 맛을 눈치챈 것처럼 뻐기려면
이 집은 피해야 한다.
칼국수 3,500원, 콩국수 4,000원.
가격이 너무 '헐'해서 이곳에 도움이 되지 못하고
오히려 피해를 주지 않았나 하는 느낌은 나뿐만이 아닐 것이다.

선창회마차

통우럭양념구이

충남 태안군 근흥면 마도길 154-1
TEL. 041-675-1721

운영시간
09:00-22:00

주요 메뉴
통우럭양념구이(전화 예약 추천),
조개구이, 매운탕

방문 날짜 20 . .	나의 평점 ☆☆☆☆☆
방문 후기	

쿠킹 포일에 싸여 베개만 한 크기로 나오는 통우럭양념구이. 서비스로 나온 조개구이를 먹다 보면 1시간이 금방 간다. 잘 구워진 우럭은 전혀 비리지 않은 데다, 속까지 빨간 양념이 잘 배어 있어 맛있다. 푹 익은 단호박, 고구마 등을 골라 먹는 재미도 쏠쏠하다.

쿠킹 포일에 싸인 우럭.

시간이 지나면서 맛의 날개가 달렸네.

내 등에도 솟은 날개 둘은 신진도를 비행하네.

가산한정식

가산 정식

충남 천안시 동남구 태조산길 179-17
TEL. 041-561-9500

운영시간
11:00-20:00

주요 메뉴
수라상, 가산 정식, 도가니탕

방문 날짜 20 . .	나의 평점 ☆☆☆☆☆
방문 후기	

50년 경력의 주인장이 내오는 할머니 밥상. 쫑취나물, 궁채나물, 솔부추나물, 코다리무조림, 모둠전 등 스무 가지쯤 되는 반찬에 상이 넘칠 듯하다. 무엇보다 모든 나물을 각각 맛이 다르게 무쳤다는 점이 포인트. 이런 할머니 손맛을 맛볼 수 있는 것은 행운이다.

사모님,
건강 챙기고 오래오래 사세요.
그래야 이 집에 또 올 수 있습니다.

미라골미담식당

짜글이

충남 천안시 서북구 미라15길 19
TEL. 041-572-4404

운영시간
11:00-21:00
둘째, 넷째 일요일 휴무

주요 메뉴
짜글이, 삼겹살, 닭볶음탕, 김치찌개

방문 날짜 20 . .	나의 평점 ☆☆☆☆☆
방문 후기	

충청도에서 시작됐다는 요리인 짜글이. 고추장찌개와 두루치기의 중간쯤 되는 짜글이는 식사도 되고, 안주도 되는 기특한 녀석이다. 이 집의 짜글이는 간이 세지 않아 졸여 가며 먹어도 짜지 않고, 은근히 당기는 맛이 있다. 여러 부위의 돼지고기와 감자를 골라 먹는 재미도 쏠쏠.

짜글 짜글 보글 보글.
냄비의 새빨간 찌개는
석양의 붉은 빛보다 더 술을 부르네.

정통옥수사

칼국수, 수육

 충남 천안시 동남구 먹거리11길 17
TEL. 041-568-4433

운영시간
11:00-21:00

주요 메뉴
칼국수, 수육

이 집 수육은 어찌 삶았는지, 고기가 촉촉하지만 기름기는 적어 좋다. 이마저도 며느리에게도 알려 주지 않는다는 비법 소스에 대파를 찍어 같이 먹으면 거의 없는 그 기름기마저 사라진다. 칼국수에는 바지락, 굴, 달걀, 간 고기가 들어간 점이 독특한데, 꽤 괜찮은 조합이다.

| 방문 날짜 | 20 . . | 나의 평점 |  |

방문 후기

청화집

순대, 순대국밥

 충남 천안시 동남구 병천면 충절로 1749

TEL. 041-564-1558

운영시간
08:30-18:30
월요일 휴무
(장날, 공휴일일 경우 정상 영업)

주요 메뉴
순대, 순대국밥

4대째 내려오는, 100년의 자부심이 담긴 병천순대. 채소가 많이 들어가 느끼한 맛은 덜하고, 고소함은 더하다. 여기에 새우젓까지 곁들이면 최고의 조합. 순댓국은 간이 전혀 안 된 상태로 나와 직접 맛을 조절할 수 있으며, 살짝 나는 노린내는 호불호가 갈릴 수 있다.

| 방문 날짜 20 . . | 나의 평점 ☆☆☆☆☆ |

방문 후기

청룡원조매운탕

민물새우매운탕, 민물새우튀김

충남 천안시 서북구 입장면 성진로 1406
TEL. 041-585-5598

운영시간
09:00-21:00

주요 메뉴
민물새우매운탕, 메기매운탕, 민물새우튀김

| 방문 날짜 | 20 . . | 나의 평점 | ☆☆☆☆☆ |

방문 후기

민물새우는 어디에서든지 제맛을 잃지 않고 내니 친화력이 참 좋다. 매운탕으로 끓이면 국물 맛을 깊게 하면서 또 자체의 단맛을 뿜어내고, 튀김을 하면 과자 같이 바삭하면서 고소하다. 이런 훌륭한 재료에 44년 경력의 주인장 솜씨까지 더해지니 민물새우 밥상이 근사하다.

어서 오시게.
시장기가 얼굴 가득 일세.
행여 이것 자시고 눌어붙을 생각 마시게.

홍흥집

소머리국밥

 충남 홍성군 홍성읍 홍성천길 242
(B동 4호)
TEL. 041-633-0024

운영시간

11:30-17:00(재료 소진 시 조기 마감)
장날 10:00-17:00
수요일 휴무
(장날이 수요일인 주는 목요일 휴무)

주요 메뉴

소머리국밥, 내장탕, 소머리수육

| 방문 날짜 | 20   .   .   . | 나의 평점 | ☆☆☆☆☆ |
| 방문 후기 | | | |

> 홍성 한우로 끓인 소머리국밥. 갈비뼈와 각종 잡뼈를 넣고 다섯 시간이 넘도록 우린 국물은 깔끔하니 잡내가 하나도 나지 않는다. 머리 고기는 전날 삶아 하루 정도 숙성을 시켜 내오는데, 쫄깃하게 씹히는 식감이 으뜸이다. 50년 세월, 3대째 내려오고 있는 손맛이 훌륭하다.

날씨가 추우면 따끈따끈한 국밥이 최고 아닌가.
홍성에 가면 이 집을 들르시게나.

갈매기횟집

굴밥, 굴물회

충남 홍성군 서부면 남당항로 852
TEL. 041-631-2868

운영시간
09:30-22:00

주요 메뉴
모둠회, 게장백반, 우럭매운탕,
굴밥, 굴물회(겨울 한정 메뉴)

방문 날짜 20 . . .	나의 평점 ☆☆☆☆☆
방문 후기	

서해안의 굴은 크기는 작으나 향이 진하고 단맛이 풍부하다. 자연산 굴만 사용한다는 이 집의 굴밥은 뚜껑을 열면 통통한 굴이 밥을 뚜껑처럼 덮고 있다. 달래 양념장 한 숟가락 넣어 슥슥 비벼 먹으면, 정말로 서해가 내 입속으로 확 들어오는 것 같다.

카사노바도, 나폴레옹도 귀하게 먹던 굴을
적은 돈으로 원 없이 먹었습니다.
"여보! 이불 깔고 기다려!"

깜씨네

갈매기살, 칼국수

충남 홍성군 홍성읍 충절로1053번길 18
TEL. 041-634-1717

운영시간
16:00-02:00

주요 메뉴
갈매기살, 소갈비살, 칼국수, 비빔밥

방문 날짜 20 . .	나의 평점 ☆☆☆☆☆
방문 후기	

> 연탄불 위에서 은근히 굽는 갈매기살. 다른 양념 없이 소금만 뿌려 본연의 고소한 맛을 충분히 즐길 수 있어 좋다. 쪽파, 대파, 마늘종을 노릇하게 구워 먹는 재미도 쏠쏠. 마무리로 입을 깔끔하게 해주는 얼큰한 칼국수까지 곁들이면 완벽한 한 끼다.

갈매기가 날아갑니다.
부산 갈매기가 아니고 홍성 갈매기 구이입니다.
칼국수는 이 집의 끝판왕입니다.

서부식당

백반

충남 보령시 구상가길 10-3
TEL. 041-932-0282

운영시간
전화 문의

주요 메뉴
백반, 된장찌개, 김치찌개, 동태찌개, 소머리국밥

| 방문 날짜 20 . . . | 나의 평점 ☆☆☆☆☆ |
| 방문 후기 | |

동네 분들을 위해 3,000원에 백반을 내는 인심 좋은 곳이다. 외지인은 반찬을 더해서 7,000원 혹은 8,000원 백반. 손님이 재료를 사 오면 양념값만 받고 원하는 요리를 해주는 것도 특징이다. 주인장의 인심과 훌륭한 음식 솜씨에 여기서 하숙이라도 하고 싶다.

백반기행은 숨어있는 어머니의 맛을 찾고 있는데,
보령 동부 시장에서 그 맛을 찾았습니다.

고기요

키조개삼겹살 set

충남 보령시 해수욕장6길 79
TEL. 041-932-6229

운영시간
12:00-23:00
금요일, 토요일 12:00-24:00

주요 메뉴
키조개삼겹살 set,
키조개차돌박이 set

| 방문 날짜 | 20 . . | 나의 평점 | ☆☆☆☆☆ |

방문 후기

사장님이 매일 동생에게서 떼어 온다는 키조개는 신선함이 최고. 연탄불에 삼겹살 올리고 그 기름에 키조개 관자를 구워 먹으면, 고소한 맛이 입에 가득 찬다. 게다가 밑반찬으로 키조개된장찌개, 키조개 관자&고구마줄기볶음, 키조개장조림까지 나오니 진정한 키조개 한 상이다.

관광지의 음식 맛은 고만고만하다는 고정관념이 깨졌다.
나주의 홍어 삼합과 장흥의 관자 삼합에
보령의 삼겹살&관자 삼합이 어깨를 겨룬다.

삼정면옥

편육, 수육, 물냉면

충북 충주시 관아3길 21
TEL. 043-847-4882

운영시간
11:30-22:00 (마지막주문 21:00)

주요 메뉴
편육, 수육, 물냉면, 비빔냉면

방문 날짜 20 . .	나의 평점 ☆☆☆☆☆
방문 후기	

> 투박한 모양새의 평양냉면. 그러나 고기 맛 진하게 나는 육수와 메밀
> 향 풍부한 면발을 맛보면 제대로 된 평양냉면을 만났음을 알 수 있다.
> 오이채 듬뿍 넣은 소고기편육은 새콤한 냉채처럼 별미고, 돼지고기
> 수육은 살살 녹는 비계 맛에 짜증이 날 정도로 맛있다.

가지런하지 않고 산발인 면발인데 맛은 빠지지 않는구나.

그 옆에 마중 나온 이것….

충주에 다시오면 돼지고기수육 때문이로세.

올뱅이식당

올갱이해장국

충북 충주시 신대1길 1
TEL. 043-845-2155

운영시간
11:00-20:00
일요일 휴무

주요 메뉴
올갱이해장국, 올갱이무침

| 방문 날짜 20 . . . | 나의 평점 ☆☆☆☆☆ |

방문 후기

충주 사람들의 자랑인 올갱이(다슬기). 이 올갱이를 일일이 손으로 까 삶은 뒤, 부드러운 아욱을 넣고 끓이면 올갱이해장국이 된다. 특히 이 집은 삶은 올갱이에 달걀옷 반죽을 입혀 끓이기에 쓴맛이 강하지 않은 것이 특징. 올갱이를 처음 먹는 사람들에게도 추천할 만하다.

올갱이 살을 바늘로 빼내는 두 자매의 노고는
아욱과 함께 최상의 올갱이국을 만든다.
밥이 없어도, 반찬이 없어도 올갱이국 한 그릇이면
오늘 하루 부족함이 없겠다.

들림횟집

송어회

충북 충주시 살미면 팔봉향산길 374
TEL. 043-851-0084

운영시간
11:30-21:00
월요일 휴무

주요 메뉴
송어회, 향어회, 메기매운탕

| 방문 날짜 | 20 . . . | 나의 평점 | ☆☆☆☆☆ |

방문 후기

여러 채소 고명과 특제 초고추장, 콩가루를 넣고 비벼 먹는 송어회. 신선한 송어회는 비린내가 전혀 없으며, 식감이 아주 좋다. 그러나 초고추장을 즐기지 않는 나로서는 송어매운탕이 제격. 수제 고추장과 송어의 기름진 맛이 제대로 어우러져 깊은 맛이 일품이다.

주연, 조연 따지지 마라.
송어회는 송어매운탕을 위한 조연이었다.

수영식당

돼지두루치기

충북 충주시 상방12길 11
TEL. 043-844-5781

운영시간
12:00-22:00
휴식시간 14:00-17:00
일요일 휴무

주요 메뉴
돼지두루치기, 막창전골, 오징어볶음

방문 날짜	20 . .	나의 평점	☆☆☆☆☆
방문 후기			

부모님 가게를 물려받은 딸과 사위가 운영하는 식당. 넘칠 듯한 국물과 양파를 듬뿍 넣은 돼지두루치기는 그 맛이 제대로 나려면 20분 정도 졸여야 한다. 완성된 두루치기는 제법 매콤해 소주가 당기는 맛. 음식도 느긋이 기다려야 제맛을 내니. 역시 충청도 스타일이다.

돼지두루치기를 1시간 볶아야 한다.
충청도는 기다림인가.
맛은 마술을 부린 듯하다.
안주도, 술도 다 덤벼!

청해식당

손칼국수

P
충북 진천군 진천읍 원덕로 390
진천전통시장 A동 129호
TEL. 043-532-0204
운영시간
10:00-19:00 (재료 소진 시 조기 마감)
휴식시간 15:00-17:00
일요일은 점심만 합니다.
주요 메뉴
손칼국수

허연 국물 색에 고명이라고는 애호박이 전부. 게다가 밀가루 풋내가 폴폴 나는 것이 딱 옛날에 먹던 그 방식이다. 참 솔직하면서도 촌스러운. 그렇지만 정겨운 이 칼국수는 양념장과 반찬을 넣어 내 마음대로 맛을 조합해 먹을 수 있는 점이 묘미다.

방문 날짜	20 . .	나의 평점	☆☆☆☆☆
방문 후기			

할머니집

오리목살참숯구이, 오리목살짜글이

충북 진천군 이월면 화산동길 18
TEL. 043-536-7891

운영시간
10:40-18:30
휴식시간 14:30-15:50
화요일, 명절 당일 휴무

주요 메뉴
오리목살참숯구이, 오리목살짜글이

방문 날짜 20 . .	나의 평점 ☆☆☆☆☆
방문 후기	

> 오리 한 마리에서 두어 점 정도 나오는 귀한 부위인 오리 목살. 어떻게 이런 부위까지 먹을 생각을 했나 싶지만, 막상 먹어 보면 쫄깃한 식감에 기름기 없이 담백하니. 왜 이 맛을 잊지 못하는 사람들이 있는지 알겠다. 맛을 알아 버렸으니 어쩌나. 오리야, 앞으로 미안하다!

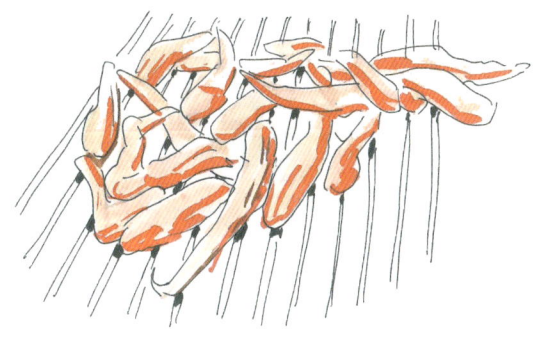

영하 17도
진천의 골짜기에
왜 왔나 싶었드만
이유는 오리목살구이였습니다.

농민쉐프의 묵은지화련

묵은지갈비전골

충북 진천군 덕산읍 이영남로 73
TEL. 010-7477-3974

운영시간
10:30-20:30
명절 휴무

주요 메뉴
묵은지갈비전골, 셰프의 반상,
홍어 삼합

방문 날짜 20 . .	나의 평점 ☆☆☆☆☆
방문 후기	

묵은지갈비전골은 상에 나오고 20분 정도 더 끓여야 제맛이 난다. 걸쭉한 국물은 깊은 맛이 제대로 우러났고, 갈빗살은 야들야들하니 씹을 것도 없다. 무엇보다 이 전골의 하이라이트는 10년 된 묵은지. 빠닥빠닥한 식감에 오묘한 향까지, 기품이 느껴지는 맛이다.

저 멀리 산 너머 기와집 굴뚝에 연기 나는 것 보이시나.

빨리 가 보시게.

자네를 기다리는 여인의 밥상이 식기 전에.

동정리보경가든

청국장, 시래기

 충북 영동군 영동읍 동정로2안길 9-1
TEL. 043-743-4567

운영시간
11:00-14:00
첫째, 셋째 일요일 휴무

주요 메뉴
청국장, 시래기, 한방오리백숙, 오리주물럭

방문 날짜 20 . .	나의 평점 ☆☆☆☆☆
방문 후기	

청국장과 두부만 넣고 끓인 영동식 청국장은 들어간 재료는 단출하나 맛은 아주 깊다. 슬쩍 나는 쿰쿰한 냄새도 정겹고, 어릴 적 메주 띄우던 날에 한 움큼씩 집어 먹던 그때의 콩 맛이 나서 참 좋다. 여기에 고추 양념장을 넣어 매콤하게 즐기는 것도 좋은 방법이다.

달고 꼬신 두부가 들어간 청국장은
육고기를 넣지 않은 내륙의 고집스런 맛.
해는 서산을 넘는데 일어설 줄 모르네.

갑돌갈비

갑돌(고추장)갈비, 갑순(간장)갈비

충북 영동군 영동읍 계산로2길 5-23
TEL. 043-744-1268

운영시간
11:30-21:00
휴식시간 15:00-17:00
월요일 휴무

주요 메뉴
갑돌(고추장) 갈비, 갑순(간장) 갈비,
돼지생갈비

방문 날짜 20 . .	나의 평점 ☆☆☆☆☆
방문 후기	

100년 된 한옥의 반듯한 모양새가 먼저 눈길을 사로잡는 곳이다. 이 집의 고추장갈비와 간장갈비는 양념을 했나 싶을 정도로 멀건 색깔에, 그 향도 강하게 느껴지지 않는다. 그렇지만 씹으면 씹을수록 고추장과 간장 맛이 은은하게 올라와 입에 퍼지는 것이 훌륭하다.

돼지의 오돌뼈가 이런 것이었나요?
그동안 지나쳤던 부위의 맛을 알아 버렸습니다.

부산 · 경상 밥상

부산 • 경상북도

영덕

- 시장밥집(226p)
  정식
- 영덕물가자미전문점(228p)
  물가자미 정식
- 팔팔식당(230p)
  닭불고기, 닭백숙

부산

- 청사초롱(224p)
  토종흑염소숯불고기, 파전

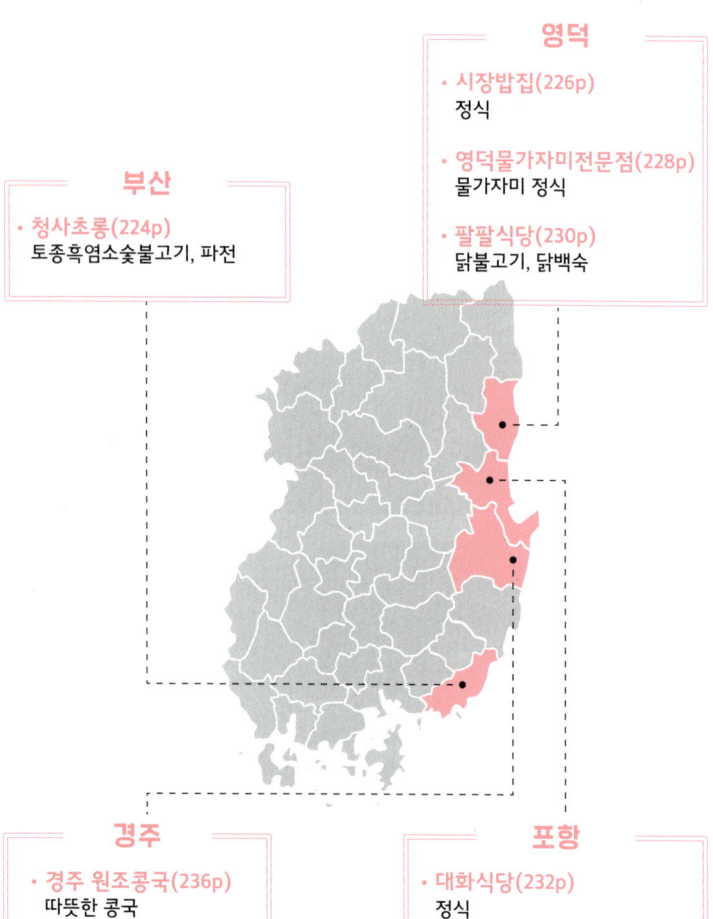

경주

- 경주 원조콩국(236p)
  따뜻한 콩국
- 할매문어집(238p)
  문어무침
- 퇴근길숯불갈비(240p)
  갈비, 불고기

포항

- 대화식당(232p)
  정식
- 고바우식당(234p)
  주물럭, 석쇠 구이, 오징어불고기

경상남도

진주

- 제일식당(242p)
  육회비빔밥, 육회

- 하동집(244p)
  복국, 아귀수육

- 평양 빈대떡(246p)
  거지탕

- 산청흑돼지(248p)
  갈비수육, 땡초갈비찜

고성

- 군령포하모자연산횟집(250p)
  자연산 하모회

- 옥천식당(252p)
  닭국, 고추전

- 기와실비(254p)
  모둠해산물

- 수양식당(256p)
  정식

청사초롱

토종흑염소숯불불고기, 파전

부산 금정구 산성로 447
TEL. 051-517-0349

운영시간
10:00-21:00
토요일 10:00-22:00

주요 메뉴
토종흑염소숯불불고기, 파전, 육회

방문 날짜 20   .   .   나의 평점 ☆☆☆☆☆
방문 후기

금정산성 아래에 자리 잡아 이미 등산객 사이에서 유명한 집. 흑염소 숯불고기는 구수하고 촉촉하며, 숯불 향이 제대로다. 해물과 파를 아낌없이 넣어 바삭하게 구운 파전도 인기 메뉴. 여기에 전통 누룩으로 빚은 산성 막걸리까지 마시면 세상 시름을 잊는다.

"청사초롱 불 밝혀라, 잊었던 낭군이 돌아온다."

산초가 들어간 열무김치, 도토리묵, 파전, 흑염소불고기….
이 집에 계속 머물고 싶어서
"동네 빈집 나오면 연락해 주세요."
라고 말하고 말았다.

시장밥집

정식

경북 영덕군 영덕읍 남석길 23-10
TEL. 054-732-7350

운영시간
전화 문의

주요 메뉴
정식(재료 수급에 따라 반찬 및 가격이 다릅니다.), 생선구이, 김치찌개

방문 날짜 20   .   .   .   나의 평점 ☆☆☆☆☆

방문 후기

그날그날 주인장이 사 오는 재료에 따라 반찬의 구성과 가격이 달라지는 백반. 7,000원 밥상에 물가자미조림, 생선구이, 생선찌개 등이 나오니 놀라울 뿐이다. 특히 매콤하면서도 달달하고, 생선 비린내 슬쩍 나면서 짭짤한 통멸치젓에 밥 한 그릇을 뚝딱 해치워 버렸다.

밥값 6,000원인데 사람 따라, 시세 따라
7,000원도 되고, 8,000원도 된다.
이래서 시장의 밥집은 맛도 있지만, 재미도 있다.

영덕물가자미전문점

물가자미 정식

경북 영덕군 영덕읍 영덕대게로 939
TEL. 054-734-5292

운영시간
10:00-20:00
휴식시간 15:00-17:00
첫째, 셋째 화요일 휴무

주요 메뉴
물가자미 정식, 물가지미찌개,
물가자미회

방문 날짜　20　.　.　.　　나의 평점　☆☆☆☆☆

방문 후기

이곳의 물가자미회는 사과, 미역, 양배추 등을 넣고 초장과 같이 섞어 먹는데, 새콤달콤하니 간이 튀지도 않으면서 맛있다. 물가자미찌개의 가자미 살은 입에서 녹아 버릴 정도로 부드럽고, 국물은 얼큰하니 고추장 맛이 진하다. 영덕 사람들이 왜 물가자미를 좋아하는지 알겠다.

영덕에는 게만 있는 것이 아니다.
영덕 사람들은 물가자미를 더 많이 먹는다.
그렇다.
다 이유가 있었다.
사랑한다.

팔팔식당

닭불고기, 닭백숙

경북 청송군 진보면 경동로 5157
TEL. 054-872-2118

운영시간
10:00-20:00

주요 메뉴
닭불고기, 닭백숙

| 방문 날짜 | 20 . . | 나의 평점 | ☆☆☆☆☆ |

방문 후기

닭 가슴살을 다진 뒤, 네모나게 펴서 구운 닭불고기는 닭 가슴살을 안 좋아하는 내게 새로운 만남을 선사했다. 일명 '겉바속촉', 겉은 바삭하고 속은 촉촉한 데다 청송 사과가 들어가 단맛이 올라오니 아주 새롭다. 청송 약수로 끓인 닭백숙도 구수하니 훌륭하다. 엄지척.

주왕산 아래 행세 깨나 부리는 닭집이 있다네.
그 행세는 허세가 아니었네.

대화식당

정식

경북 포항시 북구 죽도시장1길 28-2
TEL. 054-241-5955

운영시간
06:30-16:00
비정기적 휴무

주요 메뉴
정식(메뉴는 매일 바뀝니다.),
땡초+멸치김밥, 땡초+진미김밥

| 방문 날짜 20 . . | 나의 평점 ☆☆☆☆☆ |

방문 후기

30년이 넘는 세월 동안 죽도 시장 상인들의 점심을 책임져 온 식당. 메뉴는 5,500원 백반 하나로, 완전 보리밥, 반반 보리밥, 쌀밥 중 하나를 선택할 수 있다. 냉이된장찌개, 고등어구이 등 집밥 같은 반찬들과 시장의 북적북적한 소리까지, 참 정겨운 곳이다.

맛이 짭조름하지만 경쾌합니다.
큰불처럼 일어난 이유가 있습니다.

고바우식당

주물럭, 석쇠 구이, 오징어불고기

경북 포항시 북구 중앙상가5길 15
TEL. 054-247-7306

운영시간
16:00-23:00
주말 12:00-23:00

주요 메뉴
주물럭, 석쇠 구이, 오징어불고기, 육회

방문 날짜 20   .   .   .   나의 평점 ☆ ☆ ☆ ☆ ☆

방문 후기

돌판에서 굽는 주물럭. 양념은 과하게 맵거나 짜지 않아 좋고, 고기는 씹을수록 고소하다. 무엇보다 주물럭의 하이라이트는 볶음밥. 밥과 찰떡인 고추장 양념에 돼지기름의 고소한 맛까지 더해지니 최고의 볶음밥이 탄생했다. 석쇠 구이도 놓칠 수 없는 단골 인기 메뉴다.

포항에서 남녀노소 아우성입니다.

경주 원조콩국

따뜻한 콩국

경북 경주시 첨성로 113
TEL. 054-743-9644

운영시간
05:00-20:00
일요일 휴무

주요 메뉴
따뜻한 콩국, 콩국수

세 가지 종류의 따뜻한 콩국 메뉴 중 최고 인기는 검은깨, 검은콩, 꿀, 찹쌀도넛이 들어가는 1번 콩국. 검은깨와 검은콩을 갈아서 만든 곡물가루는 고소함을 배가시키고, 찹쌀도넛은 마치 인절미 같아 식감과 근기를 더해 준다. 마치 몸에 좋은 영양식을 먹는 듯하다.

| 방문 날짜 20 . . | 나의 평점  |

방문 후기

점심 식사 약속을 하면
하루의 가운데를 잘라버리기
때문에 작업에 지장이 있어서
약속을 하지 않지만
피치못할때는 하게된다
오늘이 그날이다

할매문어집

문어무침

경북 경주시 성동동 57-3
TEL. 054-772-0898

운영시간
07:30-19:00

주요 메뉴
문어무침(전화 예약 필수, 포장만 가능)

방문 날짜 20 . . .	나의 평점 ☆☆☆☆☆
방문 후기	

참문어를 예쁜 모양으로 삶으려면 대가리를 잡고 팔팔 끓인 물에 넣었다. 뺐다를 계속 반복해야 한단다. 적당히 잘 익은 문어를 살짝 얼려서 얇게 썬 뒤, 마늘, 청양고추를 넣고 양념을 하면 금세 매콤한 문어무침 완성이다. 제대로 삶아진 문어는 부드럽기 그지없다.

시장에서 싱싱한 놈을 삶아
바로 무쳐 낸 문어는 맛이 그만이네.
내일 손자들이 우리 집에 온다니까
썰어서 먹일 작정으로 반 마리를 사고 말았네.

퇴근길숯불갈비

갈비, 불고기

경북 경주시 금성로 190
TEL. 054-743-9933

운영시간
12:00-20:30
휴식 시간 15:00-17:00
화요일 휴무

주요 메뉴
갈비, 불고기, 소금구이

방문 날짜	20 . .	나의 평점	☆☆☆☆☆
방문 후기			

오래된 한옥이 한껏 기대감을 높이는 집. 역시나 경주에서 나고 자란 한우만 고집한단다. 34년 경력의 주인장이 일일이 칼집을 낸 갈비는 그 식감이 확실히 남다르다. 생고기에 양념을 살짝만 한 경주식 불고기도 씹을 때마다 육즙이 넘칠 듯이 나오는 것이, 아주 맛있다.

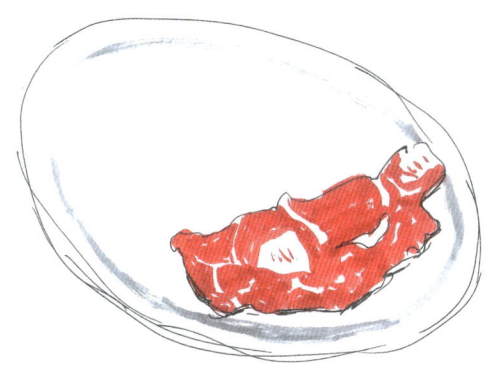

자부심이 똘똘 뭉친 집.
이런 집을 만나면 자연스레 이 말이 튀어나온다.
"견뎌줘서 고맙다."

제일식당

육회비빔밥, 육회

경남 진주시 중앙시장길 29-2
TEL. 055-741-5591

운영시간
11:00-20:30
둘째, 넷째 월요일 휴무

주요 메뉴
육회비빔밥, 육회, 소고기선지국밥

방문 날짜 20   .   .   .   나의 평점 ☆☆☆☆☆

방문 후기

채 썬 나물과 진주 특색의 고추장인 '엿꼬장'으로 양념한 육회를 얹은 진주 육회비빔밥. 육회와 나물이 잘게 썰어져 있어 목 넘김이 좋고, 여기에 선짓국까지 곁들이니 환상의 맛이다. 아삭한 배와 편마늘이 올려진 육회 한 접시는 80년 전통 육회의 진가를 알 수 있다.

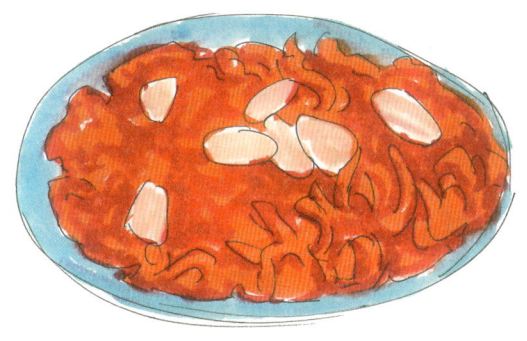

17년 전쯤부터 먼저 가신 그분과 매년 겨울이면 찾았던 곳.

그분이랑 앉았던 의자는 저쪽에 있지만,

그분은 보이지 않는다.

추억은 잔잔하지만,

슬픔을 느낄 때가 많다.

하동집

복국, 아귀수육

경남 진주시 진양호로 553
TEL. 055-741-1410

운영시간
07:00-21:00

주요 메뉴
복국, 아귀수육, 복수육

방문 날짜 20 . .	나의 평점 ☆☆☆☆☆
방문 후기	

생물 아귀를 살짝 데친 아귀수육은 고소한 간부터 쫄깃한 대창까지 모든 부위가 맛있다. 복국도 맑고 깨끗한 맛이 가히 일품. 특히 이 집의 자부심인 무 식초는 신맛이 나면서 은근한 단맛이 있는데, 복국에 조금 넣어 먹거나 아귀를 찍어 먹으면 맛이 한층 더 살아난다.

이 집의 무 식초는 가히 예술이다.
시큼한 맛이 입안을 찌르지 않고 단맛까지 뿜어낸다.
좋은 음식은 그리움을 부른다.

평양 빈대떡

거지탕

경남 진주시 진양호로 513
TEL. 055-742-3412

운영시간
17:30-24:00
비정기적 휴무

주요 메뉴
거지탕, 갈치조림, 평양 빈대떡

| 방문 날짜 20 . . | 나의 평점 ☆☆☆☆☆ |

방문 후기

먹을 것 없던 시절, 거리의 배고픈 사람들이 제사 때 남은 음식을 동냥해 와서 같이 끓여 먹었다는 거지탕. 여섯 가지 전에 각종 생선이 들어가는데, 갓 만든 전이 아닌 말린 전을 써서 감칠맛은 더하고, 국물 속에서 풀어지는 것도 막았다. 진주에 다시 와야 할 이유가 늘었다.

충격이었네.
이런 음식은 처음이었네.

"거지탕"

제삿집에서 동냥한 음식들을 끓이는데
구수하고, 짜고, 비리고, 맵고….
진주 거지는 품격이 있어서 남부럽지 않았을 것이네.

산청흑돼지

갈비수육, 땡초갈비찜

경남 진주시 북장대로59번길 7-1
TEL. 055-747-0199

운영시간
11:00-22:30

주요 메뉴
갈비수육, 땡초갈비찜, 생고기, 갈비김치찌개

방문 날짜 20   .   .   .   나의 평점 ☆☆☆☆☆

방문 후기

갈비수육은 국물의 구수하고 깔끔한 맛에 첫술을 뜨자마자 감탄이 나온다. 갈빗살은 푹 익어 쉽게 발라지며, 별다른 양념이 되어 있지 않아 담백하니 맛있다. 취향대로 고추냉이, 갈치액젓, 천일염, 된장에 찍어 먹는 것도 재미. 정반대의 땡초갈비찜은 매운데도 자꾸 손이 간다.

진주 사람들만 댕긴다 쿠데.
무봉게 맛있드마~
이런 건 숨기지 말고 나눠 무읍시데이~

군령포하모자연산횟집

자연산 하모회

경남 고성군 삼산면 두포5길 426
TEL. 055-672-2195

운영시간
12:00-19:00

주요 메뉴
자연산 하모회, 하모샤브샤브,
하모곰국(메인 메뉴 주문 시 주문 가능)

방문 날짜 20 . .	나의 평점 ☆☆☆☆☆
방문 후기	

불그스름한 색깔과 번들번들한 기름기로 눈을 사로잡는 하모(갯장어) 회. 한 젓가락 크게 집어 채소와 초장, 콩가루와 비벼 먹으면 고소하고 묘한 매력이 있다. 특히 하모를 통째로 넣고 형체가 다 없어질 때까지 푹 끓인 곰국은 그야말로 진국. 여름철 보양식으로 단연 최고다.

양쪽 방에서 소주를 걸치고
"위하여!"를 외쳐 대지만
하모회의 맛을 그 정도 구호로 그쳐서야 되겠는가?
"위위위위위하여!!"

옥천식당

닭국, 고추전

경남 고성군 개천면 연화산1로 544
TEL. 055-672-0081

운영시간
11:00-19:00

주요 메뉴
닭국, 오리백숙, 고추전

방문 날짜 20   .   .   나의 평점 ☆☆☆☆☆

방문 후기

무와 감자를 넣고 토종닭으로 끓여낸 닭국. 삼계탕, 백숙과 비슷할 것 같지만 국에 무가 들어가 시원한 맛이 먼저 올라온다는 점에서 차이가 있다. 맑은 국물은 소금으로만 간을 해 깔끔하기 그지없고, 살코기는 구수하며 부드럽게 씹힌다. 넓게 부친 고추전도 매콤하니 별미.

깊은 산중 50년 역사의 닭국.
장대 소나기 음침한 숲길을 헤치고 온 보람이 그득하구나.

기와실비

모둠해산물

경남 고성군 회화면 배둔로 14-7
TEL. 055-673-5991

운영시간
16:00-23:00
주말 15:00-23:00

주요 메뉴
모둠해산물

생전복, 산낙지 등 신선한 제철 해산물만 모은 한 상이면 고성 앞바다를 다 맛보았노라 말할 수 있다. 여기에 주인장의 히든카드인 호래기(꼴뚜기)는 화룡점정. 복어껍질무침, 청각무침 등 열두 가지의 바다 내음 가득한 기본 찬까지 훌륭하니 맛에 흠뻑 취하게 된다.

방문 날짜 20 . .	나의 평점 
방문 후기	

맛의 보물섬을 찾기는 쉽지 않다

수양식당

정식

경남 고성군 동해면 동해로 1590
TEL. 055-672-5485

운영시간
11:30-18:30

주요 메뉴
정식(메뉴는 계절에 따라 바뀝니다.)

방문 날짜 20 . .	나의 평점 ☆☆☆☆☆
방문 후기	

남편이 그날그날 잡아 오는 생선으로 회를 친다. 여기에 아내가 직접 담근 된장을 얹어 먹으면 은은한 맛이 회와 잘 어울린다. 이 집의 명물인 기러기 알이 들어간 달걀말이와 노래미구이, 양념게장, 쏙(갯가재와 비슷하게 생긴 갑각류)된장국 등이 나오는 반찬도 참 맛깔지다.

백반이 좀 짜다.
이 댁 부부의 여정도 짜다.
이 댁 음식의 평가는 확연히 갈릴 줄 안다.
나는 경남 고성에서 옛 시골의 음식 맛을 찾았다.

전라 밥상

전라북도

익산
- 시장비빔밥(262p)
  육회비빔밥
- 고려당(264p)
  만두, 찐빵
- 장흥식당(266p)
  백반
- 다가포가든(268p)
  갈매기살, 갈매기살김치찌개

전주
- 운암콩나물국밥(278p)
  콩나물국밥, 모주
- 향리(280p)
  병어찌개
- 금암피순대(282p)
  특 순대국밥

부안
- 전망좋은집(284p)
  바지락칼국수,
  백합찜, 백합죽
- 동진식당(286p)
  주꾸미샤브샤브
- 땅제가든(288p)
  참게장 정식
- 포마횟집(290p)
  우럭회

군산
- 일출옥(270p)
  아욱국
- 일력생선(271p)
  특 모둠생선구이
- 뚱보식당(272p)
  백반
- 불타는명태찜(274p)
  명태찜
- 우리떡갈비(276p)
  떡갈비

남원
- 일출산채식당(306p)
  산채 정식
- 인동할머니민박(308p)
  백반
- 동막골(310p)
  연탄돼지갈비
- 부산집(312p)
  추어탕

정읍
- 국화회관(292p)
  우렁이쌈밥 정식
- 장작불(294p)
  모촌 소머리국, 장모님 된장비빔
- 고부동학고을한우(296p)
  생등심, 사골우거지
- 백학정(298p)
  떡갈비 백반, 갈비탕

순창
- 민속집(300p)
  한정식
- 유등숯불돼지갈비(302p)
  돼지갈비
- 백야촌(304p)
  꾸지뽕열무비빔국수

전라남도

나주
- 다복가든(314p)
  홍어 정식
- 나주곰탕하얀집(316p)
  곰탕
- 송현불고기(318p)
  불고기

광양
- 홍쌍리 청매실농원(320p)
  매실고추장비빔밥
- 해돋이식당(322p)
  재첩회덮밥, 재첩국
- 예촌식당(324p)
  생선 특식
- 경도식당(326p)
  불고기

여수
- 봉정식당(340p)
  용서대조림, 서대회, 조기탕
- 나진국밥(342p)
  수육, 국밥
- 41번 포차(344p)
  선어모둠, 해물 삼합

영암
- 청하식당(328p)
  낙지다듬, 낙지볶음
- 텃밭가든(330p)
  닭구이
- 독천식당(332p)
  갈낙탕

고흥
- 수문식당(334p)
  낙지탕탕비빔밥, 조기탕
- 순천횟집(336p)
  노랑가오리회, 삼치회, 생선조림
- 다미식당(338p)
  백반

진도
- 이화식당(352p)
  꽃게무침, 갑오징어조림
- 궁전음식점(354p)
  소갈비뜸북국
- 우림(355p)
  보리간재미애국
- 달님이네맛집(356p)
  간장게장 정식
- 사랑방음식점(358p)
  말린우럭찜, 바지락무침

완도
- 유일정식당(360p)
  백반
- 대박집(362p)
  생선탕
- 진미횟집(364p)
  전복해조류비빔밥, 종합 물회
- 동백식당(366p)
  장어구이

해남
- 중앙식당(346p)
  매생이굴국 백반
- 이학식당(348p)
  생선구이 정식
- 신창손순대국밥(350p)
  소내장탕

시장비빔밥

육회비빔밥

전북 익산시 황등면 황등7길 25
황등시장
TEL. 063-858-6051

운영시간
11:30-14:00
일요일 휴무

주요 메뉴
육회비빔밥, 선지국밥

가게 중앙을 차지한 커다란 가마솥에서 선짓국이 펄펄 끓고 있다. 이 선지 국물로 밥을 토렴 한 뒤 고추장으로 비비고, 그 위에 양념한 육회를 얹으면 황등 비빔밥 완성이다. 질척거리지 않을까 했던 우려는 어디 가고 촉촉하면서 달콤, 깔끔한 맛의 비빔밥에 한 그릇이 금방이다.

| 방문 날짜 | 20 . . | 나의 평점 |  |

방문 후기

'윽!
어제 너무 맛있는 안주에 그만
과음을 했더니….'

고려당

만두, 찐빵

전북 익산시 중앙로 52
TEL. 063-856-8373

운영시간
11:00-17:00 (재료 소진 시 조기 마감)
주말, 공휴일 11:00-16:00
월요일 휴무

주요 메뉴
만두, 찐빵, 온소바

| 방문 날짜 | 20 . . | 나의 평점 | ☆☆☆☆☆ |

방문 후기

무려 60년이라는 긴 세월 동안 만두와 찐빵을 직접 반죽해 온 주인장. 이런 정성뿐만 아니라, 인심은 또 어찌나 좋은지 만두랑 찐빵 크기가 꼭 야구공만 하다. 만두는 소에 무가 들어가 뒷맛이 구수하니 좋고, 찐빵은 씹히는 것 하나 없이 부드러운 팥소가 듬뿍 들었다.

고집스레 손 반죽 60년.
100년이 멀지 않네요.
건강지키시고
파이팅하세요.

장흥식당

백반

전북 익산시 황등면 황등로 183
TEL. 063-856-3007

운영시간
10:30-15:00

주요 메뉴
백반, 삼합, 홍어사시미

방문 날짜 20 . .	나의 평점 ☆☆☆☆☆
방문 후기	

> 6,000원 백반에 반찬이 열여덟 가지. 심지어 이 반찬 하나하나가 정성을 들이지 않은 것이 없고, 전부 맛있다. 이제 다 나왔나 했는데 탕에다 찜까지 나오니, 이래서 남는 게 있나 싶다. 특히 주인장이 만든 익산식 단무지는 꼬들꼬들하면서 오독오독 씹는 맛이 환상적이다.

반찬 열여덟 가지.
하나같이 무시할 수 없는 맛.
나도 모르게 이 말이 튀어나오고 말았다.
"사장님, 이 다꾸앙 좀 얻어 갈 수 없나요?"

다가포가든

갈매기살, 갈매기살김치찌개

전북 익산시 현영길 40-28
TEL. 063-854-5504

운영시간
11:00-22:00
일요일 휴무

주요 메뉴
갈매기살, 갈매기살김치찌개

방문 날짜	20 . .	나의 평점	☆☆☆☆☆
방문 후기			

신선한 갈매기살에 간장 양념을 살짝 했다. 막상 먹으면 양념 맛이 그다지 느껴지지 않는데 그렇다고 소금 간을 해야겠다는 생각도 안 드니, 이렇게 절묘하게 양념을 한 것이 이 집의 내공인 듯싶다. 단골들의 사랑을 듬뿍 받는 갈매기살김치찌개도 깔끔하고 시원한 것이 제맛이다.

갈매기 고기는 이 집의 문지기였을 뿐.
갈매기살김치찌개는 악마였다고 해도
뿌리칠 수 없는 유혹이었다.

일출옥

아욱국

전북 군산시 구영7길 20
TEL. 063-443-5524

운영시간
05:00-19:00

주요 메뉴
아욱국, 콩나물국밥, 모주

주인장 말하기를, 옛말에 가을 아욱은 문 걸어 잠그고 맏사위만 먹였다고 한다. 빳빳하기 그지없는 아욱은 주인장의 노하우로 잘 손질되어 씹을 것도 없이 목구멍으로 술술 넘어간다. 들깻가루와 된장으로 맛을 낸 국물도 구수하고, 같이 나온 반찬도 소박하니 정감 있다.

방문 날짜 20 . .	나의 평점 ☆☆☆☆☆
방문 후기	

일력생선

특 모둠생선구이

전북 군산시 구영5길 66-6
TEL. 063-445-6445

운영시간
11:00-23:00

주요 메뉴
특 모둠생선구이, 박대구이 정식, 모둠생선구이

박대, 조기, 갈치가 나오는 특 모둠생선구이. 조기랑 갈치는 젓가락으로 살살 발라먹고, 박대는 손으로 꼬리를 잡고 '탁' 뜯어서 먹는다. 간이 제대로 배어 짭짤하면서 고소하니, 역시 생선구이만 한 밥도둑이 따로 없다. 매일 달라지는 반찬도 하나같이 참 맛깔지다.

방문 날짜 20 . . 나의 평점

방문 후기

뚱보식당

백반

전북 군산시 오룡로 58-2
TEL. 063-461-2554

운영시간
08:00-19:00

주요 메뉴
백반

방문 날짜 20 . .	나의 평점 ☆☆☆☆☆
방문 후기	

8,000원에 스무 가지 정도 되는 반찬들이 줄을 이어 나온다. 묵은지 고등어조림, 제육볶음, 고등어구이 등 얼추 다 나왔겠지 싶으면 뒤이어 각종 김치에 된장찌개, 국도 나온다. 특히 이 집 김치는 주인장의 조카들이 농사지은 배추에 전라도의 손맛이 더해져 일품이다.

배고프지, 많이 먹어.
괜찮아, 밥 적으면 밥솥에서 맘껏 퍼다 먹어.
백반 값은 저렴한데 인심은 황제급.
맛은 비교할 곳 없는 수준급.
특히 김치는….

불타는명태찜

명태찜

전북 군산시 경촌2길 38
TEL. 063-442-1573

운영시간
11:30-21:30
월요일 휴무

주요 메뉴
명태찜, 얼음황도

방문 날짜 20 . .	나의 평점 ☆☆☆☆☆
방문 후기	

명태를 한가득 덮고 있는 콩나물과 대파, 청양고추. 군산의 명태찜은 국물도 흥건한 것이 여태까지 보지 못했던 모양새다. 처음에는 시원한 국물 맛에 숟가락을 놓지 못하다가, 끓일수록 청양고추의 매콤함이 올라와 땀이 절로 난다. 얼음황도로 입을 달래는 것도 좋은 방법이다.

"로마는 불타고 있는가?"
"명태찜은 불타고 있는가?"

겁이 나서 보통 매운맛을 시켰는데도 입에서 불이 납니다.
보기 싫은 사람 있으면 이 집 매운맛을 추천하세요.

우리떡갈비

떡갈비

전북 군산시 백토로 36
TEL. 063-463-4279

운영시간
11:30-21:00
휴식시간 14:30-17:30

주요 메뉴
떡갈비, 곰탕, 양곰탕

방문 날짜 20 . .	나의 평점 ☆☆☆☆☆
방문 후기	

> 씹는 맛이 살아 있는 제대로 된 군산식 떡갈비를 맛볼 수 있는 곳. 갈빗대와 다진 설깃살을 석쇠 위에 넓적하게 편 뒤 연탄불로 굽는다. 떡갈비 사이사이에는 다져서 간장에 재운 파를 넣어 맛을 빈틈없이 잡았다. 곁들어 먹는 물김치와 부추무침도 기름기를 씻어 내려 준다.

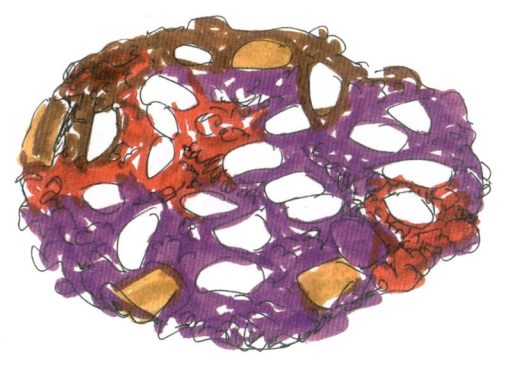

송정 떡갈비랑 담양 떡갈비만 있느냐.
군산 떡갈비도 있노라.
더불어 먹는 부추무침과 물김치는 환상의 조합이다.

운암콩나물국밥

콩나물국밥, 모주

🅿 전북 전주시 완산구 풍남문2길 63
남부시장 2동 80호
TEL. 063-286-1021

운영시간
05:30-18:00
명절 휴무

주요 메뉴
콩나물국밥, 모주

방문 날짜 20 . . .	나의 평점 ☆☆☆☆☆
방문 후기	

오랜 세월 동안 술꾼들의 속을 달래 주던 콩나물국밥. 그러나 칼칼한 국물과 아삭아삭한 콩나물을 먹다 보면 해장하려다 오히려 술을 찾게 된다. 이럴 때 따뜻하고 약재 향기 향긋한 모주 한 잔 곁들이면 찰떡궁합. 화려하지는 않지만, 정성 가득한 음식에 마음이 먼저 따뜻해진다.

자네 이 집 가봤는가.

마구 퍼준다네.

김도, 콩나물도, 밥도.

정이 보태졌는데 맛이 없을 리가 있겠는가.

향리

병어찌개

전북 전주시 완산구 전주객사5길 83
TEL. 063-272-6320

운영시간
10:00-21:00
일요일 휴무

주요 메뉴
병어찌개, 육사시미, 생삼겹살

방문 날짜 20 . .	나의 평점 ☆☆☆☆☆
방문 후기	

식당에 들어가면 잔뜩 쌓여 있는 호박이 먼저 손님을 반긴다. 호박이 왜 이렇게 많나 싶던 궁금증은 병어찌개가 나오면 해결된다. 냄비 바닥에 수북이 깔린 단호박, 늙은 호박, 젊은 호박이 바로 그 이유. 뭉근해진 호박은 달콤하면서 시원한 맛을 내고, 병어는 입에서 살살 녹는다.

전주식 병어찌개인가요.
호박을 아주 넉넉하게 넣어서
단맛이 병어 위에 앉아 있습니다.

금암피순대

특 순대국밥

전북 전주시 덕진구 기린대로 400-61
TEL. 063-272-1394

운영시간
11:00-21:00
명절 휴무

주요 메뉴
순대국밥, 특 순대국밥, 막창모둠

방문 날짜 20. . .	나의 평점 ☆☆☆☆☆
방문 후기	

보통 김치를 먹어 보면 그 식당의 수준이 대강 짐작된다. 그런 면에서 이 집 깍두기는 어찌나 시원한지, 기대치를 한껏 높였다. 역시나 특 순대국밥에는 염통, 오소리감투 등 내장 고기가 잔뜩 들었고 선지와 채소로 가득 찬 막창 피순대는 구수해, 과연 기대를 저버리지 않았다.

"영만아, 그만 먹고 가자."
촬영이 끝났는데 계속 먹고 있습니다.

전망좋은집

바지락칼국수, 백합찜, 백합죽

전북 부안군 변산면 변산로 3207-1
TEL. 063-581-5290

운영시간
08:00-22:00
피서철 24시간 영업

주요 메뉴
바지락칼국수, 백합찜, 백합죽,
해물탕

| 방문 날짜 | 20 . . | 나의 평점 | ☆☆☆☆☆ |

방문 후기

통통하게 살이 올라 잘 쪄진 백합찜은 말이 필요 없다. 만드는 데 20분쯤 걸리는 백합죽도 녹두와 당근, 깨가 적당히 들어가 백합의 맛을 해치지 않아 훌륭하다. 주인장이 자부하는 다섯 종류 김치도 죽에 척척 얹어 먹으면, 그 조합이 백합의 똑 다물린 입처럼 절묘하다.

다디단 백합죽이 내 몸 안의 약해진 기둥을 보듬어 준다.
아아, 진즉 이곳을 알았드라면….

동진식당

주꾸미샤브샤브

전북 부안군 부안읍 시장길 8-2
TEL. 063-581-2077

운영시간
10:00-21:00
첫째, 셋째 화요일 휴무

주요 메뉴
쭈꾸미샤브샤브, 해물탕,
모둠조개구이

냉이, 돌미나리, 머윗잎 등 신선한 채소와 같이 먹는 주꾸미샤브샤브. 힘 좋고 큼지막한 주꾸미는 질기지 않고 부드러우며, 샤브샤브 국물은 채즙을 머금어 담백하고 좋다. 무엇보다 주문하면 시장 상인들이 식재료를 가게로 바로 가져다줘 모든 요리에서 재료의 맛이 살아 있다.

| 방문 날짜 20 . . . | 나의 평점  |

방문 후기

땅제가든

참게장 정식

전북 부안군 보안면 청자로 1399
TEL. 063-584-2188

운영시간
10:30-21:00
둘째, 넷째 화요일 휴무

주요 메뉴
참게장 정식, 오리주물럭, 아귀찜

방문 날짜 20   .   .   .   나의 평점

방문 후기

잘 손질된 참게 위에 양파를 가득 얹어 아주 예쁘게 나오는 참게장. 첫맛은 꽤 짭짤했는데 시간이 지날수록 양파가 국물 속으로 잠기며 짠맛을 감해 준다. 이 국물을 양파와 같이 떠서 밥에 쓱쓱 비벼 먹으면, 제대로 된 참게장 한 상을 먹었다는 생각이 절로 든다.

드러누운 게 위에 양파 조각들이 게장 양념과 섞여서 간이 조절된다.
게장을 먹고, 양념과 섞인 양파를 밥과 함께 김에 싸 먹으면
세상이 아름답다.
1인분에 10,000원, 어찌 이런 가격이···.

포마횟집

우럭회

전북 부안군 계화면 간재로 447
TEL. 063-581-1896

운영시간
10:00-20:30

주요 메뉴
우럭회, 멍게, 낙지

방문 날짜 20 . .	나의 평점 ☆☆☆☆☆
방문 후기	

다른 생선은 없고 오로지 우럭만 취급하는 집. 외지에서 온 손님들이 끊임없이 회를 포장해 간다. 가위로 다듬고, 기계로 얇게 썬 우럭회는 처음에는 보고 당황했으나, 젓가락으로 듬뿍 집어 입속에 넣으면 고소하고 달짝지근한 맛이 입안 가득 퍼져 놀랍다.

이 집의 자신감이 맘에 든다.

회 접시 외에는 반찬이 없다.

김치도 없다.

그렇다.

이 집의 우럭회는 조연이 필요 없을 정도로 달다.

평소 우럭회는 즐기지 않는데 이 집 얇게 썬 우럭회는 예외다.

국화회관

우렁이쌈밥 정식

전북 정읍시 서부로 22
TEL. 063-536-5432

운영시간
10:30-21:00
둘째, 넷째 월요일 휴무

주요 메뉴
우렁이쌈밥 정식, 우렁이초무침

방문 날짜 20   .   .   나의 평점 ☆☆☆☆☆
방문 후기

쫄깃한 우렁이와 구수한 된장 양념이 절묘하게 어우러진 우렁이쌈장. 쌈 채소에 밥 한술 올려 같이 싸 먹으면 요것 참, 계속 들어간다. 우렁이청국장도 쌈장 못지않은 별미. 게다가 시래기깨즙나물, 흰목이버섯나물, 세발나물 등 산과 들이 다 모인 것 같은 나물 반찬도 훌륭하다.

우렁아~ 우렁아~
육고기도 아닌 것이, 생선도 아닌 것이
오돌오돌 씹히는 맛은 논농사를 외롭게 하지 않는구나.

장작불

모촌 소머리국, 장모님 된장비빔

전북 정읍시 모촌길 50-31
TEL. 063-536-7276

운영시간
11:30-13:00
일요일 휴무 (전화 예약 필수)

주요 메뉴
모촌 소머리국, 장모님 된장비빔,
소머리수육

| 방문 날짜 20   .   .   . | 나의 평점 ☆☆☆☆☆ |

방문 후기

어느 여염집 분위기의 식당에서 먹는 정갈한 장모님 밥상이다. 주인장이 딸과 사위에게 해주던 장모님 된장비빔은 몇 가지 채소와 된장을 넣고 비벼 먹는 단출한 요리지만, 군더더기 없이 맛있다. 입술이 쩍쩍 달라붙을 정도로 진한 소머리국은 뚝배기째 마셔야 제맛이다.

모촌 불모지 대나무밭에 서울 아낙 자리 잡았네.
구수하고 찐득한 곰탕 국물은 금방 먹고 나간
저 나그네 고개 돌려 아쉬워하네.

고부동학고을한우

생등심, 사골우거지

전북 정읍시 고부면 교동2길 6
TEL. 063-532-1592

운영시간
11:00-20:00

주요 메뉴
생등심, 특수부위, 육사(생고기),
사골우거지

방문 날짜 20 . .	나의 평점 ☆☆☆☆☆
방문 후기	

정읍 소고기의 진가를 확인할 수 있는 곳. 화려한 고깃결 뽐내는 한우 등심구이는 탄력이 남달라 씹으면 씹을수록 그 맛이 우러나온다. 예약 필수인 '육사(생고기)'는 부드러운 식감이 일품. 게다가 들깨 맛이 고소한 사골우거짓국은 이 집을 다시 방문해야 할 이유이다.

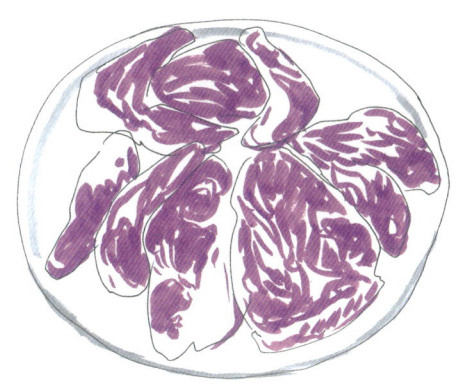

정읍 모퉁이에서 기세 좋은 맛집을 발견했다.
걸만 살짝 익혀 먹었드만 유토피아가 바로 코앞이었다.

백학정

떡갈비 백반, 갈비탕

전북 정읍시 태인면 태인로 29-3
TEL. 063-534-4290

운영시간
11:00-21:00

주요 메뉴
떡갈비 백반, 참게장 백반, 갈비탕

방문 날짜 20 . .	나의 평점 ☆☆☆☆☆
방문 후기	

뜨거운 석쇠 위에서 손으로 양념을 일일이 묻혀 가며 떡갈비를 굽는 주인장. 그래서일까? 이곳의 떡갈비는 부드러우면서도 식감이 탄력적이고, 달콤하고 고소한 맛이 아주 일품이다. 떡갈비 한 덩이를 그대로 넣고 맑게 끓인 갈비탕도 놓쳐서는 안 된다.

떡갈비 백반이 32,000원.
부담스러운 가격이지만 한 번쯤 무리해 볼 만한 맛이다.
후회하지 않고 친구를 불러 모을 맛이다.

민속집

한정식

전북 순창군 순창읍 순창8길 5-1
TEL. 063-653-8880

운영시간
10:00-21:00

주요 메뉴
한정식, 소불고기, 홍어탕

방문 날짜 20   .   .   .   나의 평점 ☆☆☆☆☆

방문 후기

주인장 손맛이 명품인 집. 단돈 13,000원의 한정식이지만, 스무 가지가 넘는 반찬이 나온다. 우렁이된장찌개, 각종 장아찌, 나물, 연탄불에 석쇠로 구운 불고기, 어머니 때부터 담근 동동주까지 모든 음식의 간이 훌륭하고 각 재료의 맛을 제대로 살렸다.

한정식 13,000원.
점심과 백반의 한계는 어디메냐.
멋 내지 않고 소박한 맛은 순창의 속살을 보여 주었네.

유등숯불돼지갈비

돼지갈비

전북 순창군 순창읍 유등로 59
TEL. 063-653-0220

운영시간
11:00-21:00
휴식시간 14:30-16:30
화요일 휴무

주요 메뉴
돼지갈비

방문 날짜 20 . . 나의 평점 ☆☆☆☆☆

방문 후기

숯불돼지갈비 하나로 20여 년을 버텨온 집. 갈비는 담백하면서도 양념 맛과 숯불 향이 조화롭게 살아 있고, 자연스러운 단맛이 난다. 기름기는 쏙 빼되, 촉촉함은 유지하도록 굽는 것도 이 집만의 기술. 같이 나온 갓김치와 각종 장아찌를 곁들이면 느끼함은 오간 데 없다.

돼지갈비 한 가지만으로 20년을 버텨 왔다.
그 뚝심은 100년을 채우고도 남겠다.

백야촌

꾸지뽕열무비빔국수

전북 순창군 순창읍 백야길 10
TEL. 063-653-7029

운영시간
11:00-14:00

주요 메뉴
꾸지뽕열무물국수,
꾸지뽕열무비빔국수

방문 날짜 20 . .	나의 평점 ☆☆☆☆☆
방문 후기	

항아리에서 숙성해 아삭하기 그지없는 열무김치가 특제 고추장 양념과 만났다. 얼음장 같은 지하수에 헹군 면발은 쫄깃하고, 갈치속젓으로 담근 배추김치도 참 맛깔스럽다. 더운 여름에 널따란 평상 위에서 먹는 매콤한 비빔국수 한 그릇은 옛 추억을 불러일으킨다.

한여름 마당 평상 위에서
온 가족이 식사하던 장면이 까마득한 기억이었는데,
비빔국수가 그 추억을 불러왔다.
열무국수가 어머니의 손맛을 불러왔다.

일출산채식당

산채 정식

전북 남원시 산내면 지리산로 799
TEL. 063-626-3688

운영시간
10:00-18:00

주요 메뉴
산채 정식, 산채 백반

| 방문 날짜 20   .   . | 나의 평점 ☆☆☆☆☆ |

방문 후기

산뽕잎나물, 신선초나물, 쑥부쟁이나물, 산고춧잎나물 등 서른 가지 나물 반찬의 향연이 펼쳐진다. 간을 마늘과 소금으로만 해 각 나물 본연의 맛을 즐길 수 있다. 멸치묵은지찜, 두부들깨탕, 표고버섯황태탕은 잔잔한 나물 정식에 악센트를 주며 밥상의 조화를 이루어 낸다.

"수학에는 공식이 있지만, 음식에는 없다."
주인장 말씀이다.
반찬 서른 가지, 들깨두부탕, 북어버섯탕, 묵은지, 멸치, 찌개….
파산하기 전에 가 보시라.

인동할머니민박

백반

전북 남원시 운봉읍 삼산길 8-4
TEL. 063-634-1071

특이사항
- 일반 식당이 아닌 민박집입니다.
- 식사는 숙박 시에만 1인 7,000원에, 매일 다른 메뉴로 제공됩니다.
- 숙박 비용은 2020년도 기준 1인 40,000원입니다.

주요 메뉴
백반

방문 날짜	20 . .	나의 평점	☆☆☆☆☆
방문 후기			

이곳에서 민박하게 되면 아침, 저녁이 각 7,000원에 제공된다. 꽈리고추찜, 지리산 7종 나물, 고구마줄기김치, 호박잎찜, 직접 쑨 도토리묵, 지리산 흑돼지뼈다귀 국 등이 나오는 백반은 정말 시골 어머니 밥상 같아 투박하고 정겹다.

동네 할머니들의 환대.
넉넉지 않은 살림에 음식보다 정이 더 맛있는 곳.
평상에서의 식사는
오래 묵은 앨범에서 사진 한 장 꺼내듯 추억을 건드렸다.

동막골

연탄돼지갈비

전북 남원시 요천로 1537
TEL. 063-625-8953

운영시간
15:00-01:00
주말 14:00-01:00

주요 메뉴
연탄돼지갈비, 돼지고기주물럭

방문 날짜 20 . .	나의 평점 ☆☆☆☆☆
방문 후기	

연탄불 위에서 맨손으로 갈비를 굽는 주인장. 뜨겁지 않냐는 질문에 20년을 이렇게 구웠다며, 고집이 세서 그렇다고 웃어 보인다. 그러나 이 고집 덕분일까, 불 향 가득한 갈비는 즉석에서 양념을 했음에도 그 맛이 제대로 뱄으며 질기지도 않고 촉촉하다. 내공이 대단하다.

돼지고기를 석쇠에 얹고, 양념을 손으로 발라 굽는다.
그래서일까?
다른 집에 없는 무시 못 할 맛이 있다.

부산집

추어탕

전북 남원시 요천로 1411
TEL. 063-632-7823

운영시간
08:00-20:00

주요 메뉴
추어탕, 전복추어탕, 미꾸리튀김

토종 미꾸리로 끓인 남원식 추어탕을 맛볼 수 있는 곳. 듬뿍 들어간 시래기와 곱게 간 미꾸리가 들어간 국물은 걸쭉하면서 구수하다. 끓이는 도중에 들깨를 넣는 데다, 집에서 담근 된장을 사용하는 것이 이 집 추어탕 맛의 포인트. 가을에는 추어탕만 한 음식이 없다.

방문 날짜 20 . .	나의 평점 ☆☆☆☆☆
방문 후기	

다복가든

홍어 정식

전남 나주시 영산포로 192
TEL. 061-334-3050

운영시간
11:00-21:00

주요 메뉴
백반, 홍어 정식, 홍어찜

방문 날짜 20   .   .   .   나의 평점 ☆ ☆ ☆ ☆ ☆

방문 후기

삭히지 않은 홍어를 잘 찐 뒤, 간장 양념장을 끼얹어 만드는 홍어찜. 비린내가 없어 홍어 초보자가 먹기에도 아주 좋다. 게다가 이 홍어 백반에서 빼놓을 수 없는 돼지고기수육은 배추겉절이와 같이 먹으면 환상의 궁합. 각종 젓갈과 나오는 반찬 하나하나가 전부 맛있다.

17년 전, 만화 《식객》 연재 때 왔던 백반집.
그때 먹은 수육의 맛이 아직도 입안에 남아있다.
오늘은 과연….
9,000원의 나주 인심을 가늠케 한다.

나주곰탕하얀집

곰탕

전남 나주시 금성관길 6-1
TEL. 061-333-4292

운영시간
08:00-20:00
첫째, 셋째 월요일 휴무

주요 메뉴
곰탕, 수육곰탕, 수육

방문 날짜	20 . .	나의 평점	☆☆☆☆☆
방문 후기			

111년 노포의 정성이 가득한 나주곰탕. 맑고 깨끗한 국물에 한우 고기 푸짐한 곰탕을 먹다 보면 '음식이 멋지다'라는 말이 절로 나온다. 한우 사골과 양지 등으로 육수를 낸 국물은 간이 간간하면서 깔끔하고, 고기는 결이 살아 있어 쫄깃한 맛이 그만이다.

110년, 4대째.
한국에 이런 노포가 과연 몇 집이나 될까.
이 집 같이 고집스럽게 내 인생을 꾸려 왔는지 돌아보게 된다.

송현불고기

불고기

전남 나주시 건재로 193
TEL. 061-332-6497

운영시간
11:00-21:00
월요일 휴무

주요 메뉴
불고기

방문 날짜 20 . .	나의 평점 ☆☆☆☆☆
방문 후기	

39년의 세월은 연탄불의 뜨거움도 이기게 했다. 맨손으로 고기를 뒤집어 가며 구워야 그을음 없이 속까지 잘 익힐 수 있다는 주인장 집념 덕에 이 집의 불고기에선 불 맛이 제대로 느껴진다. 불고기 한 점 크게 넣은 깻잎 쌈에, 된장국 한 모금이면 세상 시름을 잊는다.

어머니는 석쇠에 돼지고기를 얹고
아들과 사위는 불을 마주 보고 손으로 돼지고기를 굽고 있다.
이러기를 40여 년, 100년이 멀지 않다.

홍쌍리 청매실농원

매실고추장비빔밥

전남 광양시 다압면 지막1길 55
TEL. 061-772-4066

운영시간
전화 문의

주요 메뉴
매실고추장비빔밥(광양매화축제 기간 한정 메뉴)

방문 날짜 20   .   .   .   나의 평점 ☆ ☆ ☆ ☆ ☆

방문 후기

주인장이 손수 농사지은 매실이 밥상 위에서 향긋한 내음을 풍기고 있다. 매실소고기볶음장이 들어간 비빔밥은 과일과 매실 향이 은은하게 나면서 짜지도 않아 상당히 맛있다. 매실과 땅콩, 깨를 섞어 만든 특제 매실 소스가 올라간 편육도 매실과 천상의 궁합이다.

팔각정에 앉아 섬진강을 밑에 두고,
백운산 기개를 등받이 삼아 먹는 매실 밥상은
과식을 각오해야 한다.
오 마이 가앗!

해돋이식당

재첩회덮밥, 재첩국

전남 광양시 다압면 지막길 102
TEL.061-772-1898

운영시간
12:00-19:00

주요 메뉴
재첩회덮밥, 재첩국, 참게정식,
재첩회

방문 날짜 20 . .	나의 평점 ☆☆☆☆☆
방문 후기	

재첩, 부추, 소금, 물, 이렇게 네 가지 재료만 들어가는 재첩국. 재료는 간단하지만 맛은 이보다 깊을 수가 없다. 국물은 특유의 시원한 맛에 뚝배기째 들이키게 되고, 듬뿍 들은 재첩은 통통하니 살이 제대로 올랐다. 빨간 양념에 채소, 재첩 가득 들어간 회무침도 별미다.

재첩국에 소금과 부추만 들어갔다고
밍밍한 맛을 탓하지 마라.
섬진강 사람들은 이 맛을 찾으려고
셀 수 없는 세월을 보냈느니라.

예촌식당

생선 특식

전남 광양시 남산1길 27
TEL. 061-794-4737

운영시간
11:30-02:00
휴식시간 14:00-17:30

주요 메뉴
정식, 생선 특식, 갈치조림

동네 사람들만 안다는 30년 된 백반집. 매일 종류가 달라지는 생선구이는 직화로 구워 향이 남다르다. 게다가 우럭조림, 김국, 멍게젓갈, 꼴뚜기젓갈, 가리장 등 특색 있는 반찬들까지 잔뜩 나온다. 무엇보다 양태미역국은 눈물이 날 정도로 반가운 친구다.

방문 날짜 20 . .	나의 평점 ☆☆☆☆☆
방문 후기	

경도식당

불고기

전남 광양시 광양읍 희양현로 25
TEL. 061-761-2133

운영시간
10:30-21:00

주요 메뉴
불고기

방문 날짜 20 . .	나의 평점 ☆☆☆☆☆
방문 후기	

광양 불고기는 얇게 썬 생고기를 주문 즉시 양념에 살짝 무쳐 고기 본연의 맛을 느낄 수 있는 것이 특징이다. 불고기를 뭉텅이째로 집어 숯불 위에서 적당히 구우면, 육즙이 터질 듯 흘러내리고 촉촉함은 이루 말할 수가 없다. 잘 익은 파김치까지 곁들이면 화룡점정이다.

서울 불고기와 언양 불고기가 있다면
광양 불고기도 한 축을 이루고 있다.
광양 불고기는 육향과 즙이 살아 있는 광양의 자존심이다.

청하식당

낙지다듬, 낙지볶음

전남 영암군 학산면 독천로 170-1
TEL. 061-473-6993

운영시간
10:00-20:00
명절 휴무

주요 메뉴
낙지다듬, 낙지볶음, 낙지초무침

방문 날짜 20 . .	나의 평점 ☆☆☆☆☆
방문 후기	

사장님이 개발한 '낙지다듬'은 잘게 다진 낙지에 달걀노른자, 마늘, 참기름을 넣고 섞어 먹는 음식이다. 후루룩 마시듯 낙지다듬을 한 입 먹으면, 그 구수한 맛에 놀라움을 감출 수 없다. 낙지볶음은 달짝지근하면서 불 맛이 가득해 나중에 생각날 듯한 그런 맛이다.

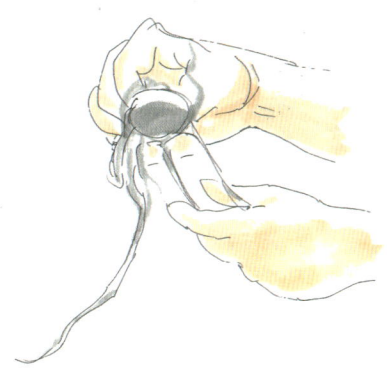

독천 뻘밭은 뭍이 되었소만, 독천 낙지는 남았소.
낙지다듬, 세발낙지, 낙지데침, 낙지호롱, 낙지볶음….
기력 보충은 영암이 제격이로소이다.

텃밭가든

닭구이

전남 영암군 덕진면 새터신정길 71
TEL. 061-473-2210

운영시간
12:00-21:00

주요 메뉴
닭구이, 오삼불고기, 삼겹살

방문 날짜 20 . . .	나의 평점 ☆☆☆☆☆
방문 후기	

갓 잡은 닭을 소금과 참기름으로만 양념해 진짜 닭 맛을 경험할 수 있는 곳. 특히 이곳 닭구이의 특미는 닭 껍질이다. 어찌나 고소한지 닭 껍질을 그다지 좋아하지 않는 나도 그 맛에 설득되고 말았다. 반찬으로 나오는 닭 가슴살 육회도 쫀득하니 씹히는 맛이 가히 환상이다.

영암에 닭 요릿집이 많은 이유는
이 집 때문이 아닐까.
전기통닭, 닭튀김, 양념구이 등
수많은 닭 요리에 닭소금구이 추가요오오~~~

독천식당

갈낙탕

전남 영암군 학산면 독천로 162-1
TEL. 061-471-4222

운영시간
11:00-20:00
휴식시간 16:00-17:00
넷째 월요일 휴무

주요 메뉴
갈낙탕, 낙지연포탕, 세발낙지

| 방문 날짜 | 20 . . | 나의 평점 | ☆☆☆☆☆ |
| 방문 후기 | | | |

영암의 향토 음식 '갈낙탕'은 소갈비와 낙지를 넣고 끓인 탕이다. 이 갈낙탕의 창시자가 선보이는 갈낙탕은 확실히 남달랐다. 국물은 진하고 시원하며, 낙지 맛은 갈비 맛에 죽지 않고 제맛을 분명히 내고 있다. 한 자리에서 50년을 버틴 원조 가게의 저력을 맛보았다.

낙지의 시원한 맛,
갈비의 눅진한 맛,
이것을 다듬어주는
묵은지의 향긋한 군내.

수문식당

낙지탕탕비빔밥, 조기탕

전남 고흥군 남양면 망월로 674-24
TEL. 061-833-1828

운영시간
11:00-20:00 (재료 소진 시 조기 마감)
매달 10일, 20일, 30일 휴무

주요 메뉴
낙지탕탕비빔밥, 조기탕
(메뉴는 계절에 따라 바뀝니다.)

방문 날짜 20   .   .   .   나의 평점 ☆ ☆ ☆ ☆ ☆

방문 후기

이 집의 낙지탕탕비빔밥은 형체가 없을 만큼 잘게 다진 낙지탕탕이가 포인트다. 잘게 다진 덕분에 비빔밥은 목구멍으로 부드럽게 넘어가고 낙지의 고소한 맛은 물씬 올라온다. 동네마다 어찌나 먹는 방법들이 다른지, 또 하나의 새로운 낙지 요리를 만난 기분이다.

여보게~~

내가 백반기행 괜스레 하는 줄 아는가?

이런 집을 만나기 위해서라네~~

(♪♪♪)

순천횟집

노랑가오리회, 삼치회, 생선조림

전남 고흥군 봉래면 나로도항길 117
TEL. 061-833-6441

운영시간
08:00-22:00

주요 메뉴
노랑가오리회(전화 예약 필수),
삼치회, 모둠회, 생선조림

방문 날짜 20   .   .   .   나의 평점 ☆ ☆ ☆ ☆ ☆

방문 후기

신선한 노랑가오리회는 식감이 말랑말랑하면서도 야들야들하니 비린 내가 하나도 없다. 특히 금방 상해 현지가 아니면 먹을 수 없는 '애(간)'는 크림이나 치즈를 먹는 듯 부드럽고 고소하다. '아싸 가오리'라는 말이 노랑가오리회를 먹고 나온 말이 아닌지 모르겠다.

삼치회, 노랑가오리회.
그동안 참았던 식욕이 폭발하고 말았다.

다미식당

백반

전남 고흥군 두원면 두원로 477
TEL. 061-835-4931

운영시간
10:00-14:00
일요일 휴무

주요 메뉴
백반(가격에 따라 반찬이 다릅니다.)

| 방문 날짜 20 . . | 나의 평점 ☆☆☆☆☆ |

방문 후기

이미 너무 유명해 식사 시간만 되면 손님으로 꽉 차는 식당. 메뉴판은 따로 없고 가격대에 따라 백반의 반찬이 달라진다. 10,000원 밥상에 수육, 편육, 낙지숙회, 낙지죽, 간장돌게장, 양태구이 등이 나오니 새삼스레 10,000원 한 장이 정말 가치 있게 느껴진다.

한양의 죄인들 고흥으로 유배 와서
산해진미 곁들이니 다시 돌아갈 생각 났겠나.

봉정식당

용서대조림, 서대회, 조기탕

전남 여수시 교동남1길 6-9
TEL. 061-662-7870

운영시간
08:00-21:00

주요 메뉴
용서대조림, 서대회, 조기탕, 생선회

방문 날짜 20 . .	나의 평점 ☆☆☆☆☆
방문 후기	

여수에서만 먹을 수 있는 생선인 용서대. 그 꼬락서니는 납작해서 마치 누가 밟고 지나갔나 싶지만, 맛은 어디 가도 빠지지 않는다. 특히 이 집의 용서대 조림은 담백한 용서대 살밥과 양념이 아주 찰떡궁합이다. 어쩌나, 한동안 다른 곳 생선조림은 못 먹게 생겼다.

같은 식당도 자주 가야 깊은 맛을 느끼고,
여수도 자주 가야 눈에 확 띄는 식당을 만난다.

나진국밥

수육, 국밥

전남 여수시 화양면 화양로 1391
TEL. 061-683-4425

운영시간
10:30-20:00
화요일 휴무

주요 메뉴
수육, 국밥

방문 날짜 20   .   .   .   나의 평점 ☆☆☆☆☆

방문 후기

여수의 겨울 바닷바람을 맞고 자라 단맛이 풍부한 섬초(시금치)를 수육에 싸 먹는다. 수육은 잡내 하나 없으며, 섬초의 부드러운 단맛이 돼지고기와 참 잘 어울린다. 콩나물이 들어가 맑고 시원한 국물의 돼지국밥도 이곳에서만 먹을 수 있는 별미다.

이런 맛이 화양면에 묻혀 있을 줄이야.

41번 포차

선어모둠, 해물 삼합

전남 여수시 봉산남3길 17
TEL. 061-642-8820

운영시간
13:00-23:00
일요일 휴무

주요 메뉴
선어모둠, 해물 삼합

방문 날짜 20   .   .   .   나의 평점

방문 후기

사흘 정도 숙성을 거친 선어회는 확실히 활어와는 다른 식감이 있다. 노랑가오리는 꼬들꼬들하면서 고소하고, 가을 별미인 삼치는 여수 사람들이 가을을 기다리는 이유다. 특히 여수식으로 김 위에 삼치를 올려 양념장을 얹어 먹으면 또 다른 맛을 즐길 수 있다.

음식 여행은 끝이 없다.
불쑥불쑥 이런 복병이 나타나기 때문이다.

중앙식당

매생이굴국 백반

전남 해남군 송지면 산정1길 69
TEL. 061-533-2146

운영시간
09:00-20:00

주요 메뉴
매생이굴국 백반(겨울 한정 메뉴),
생선찌개 백반

방문 날짜   20   .   .   .   나의 평점   ☆☆☆☆☆

방문 후기

> 전복새끼장, 간장돌게장, 굴무침 등 기본 찬에 가자미구이, 간재미회무침 같은 주연급 반찬까지 뭐 하나 놓칠 것 없는 8,000원 백반이다. 매생이굴국은 겨울에만 먹을 수 있는 국으로, 푸짐한 굴과 매생이, 그리고 적당한 참기름의 조화가 아주 훌륭하다.

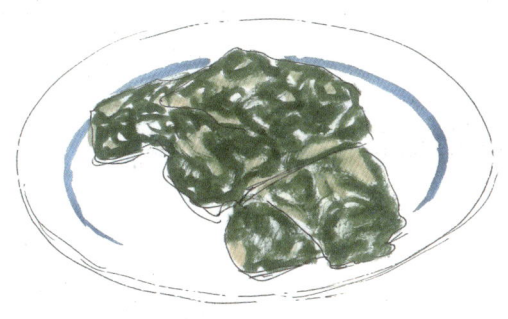

매생이의 계절에 딱 맞춰 왔습니다.

환상입니다.

이학식당

생선구이 정식

전남 해남군 해남읍 북부순환로 83
TEL. 061-532-0203

운영시간
10:00-21:00
일요일 휴무

주요 메뉴
생선구이 정식, 삼치회

방문 날짜 20 . . .	나의 평점 ☆ ☆ ☆ ☆ ☆
방문 후기	

무엇보다 이 집의 생선구이는 간이 예술이다. 비결은 바로 생선을 소금에 사흘 정도 두는 것. 이 소금이 녹으면서 생선에 스며들어 기가 막힌 간이 탄생한다. 게다가 해남의 해풍에 살짝 건조시켜 생선 살이 단단하고 쫀득하다. 갈치, 삼치 다 좋으나 내게는 단연 도미가 1등이다.

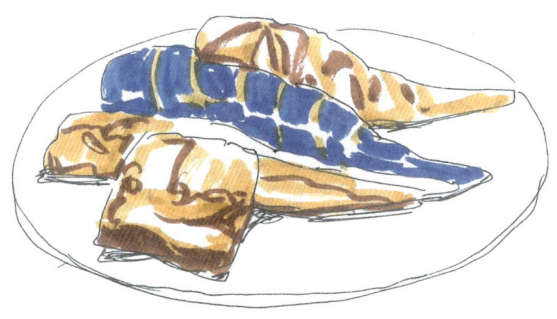

가만있자,
이 밥상은 오늘 처음이 아닐세.
작년 이맘때 벌교에서 너무 맛있어서
밥 한 공기 더 먹었던 그 맛일세그려.

신창손순대국밥

소내장탕

전남 해남군 산이면 관광레저로 1673
TEL. 061-537-3388

운영시간
09:00-20:00 (재료 소진 시 조기 마감)
월요일 휴무

주요 메뉴
소내장탕(평일 50그릇, 주말 80~100그릇 한정), 순대국밥

방문 날짜 20 . .	나의 평점 ☆☆☆☆☆
방문 후기	

7년 전, 주인장이 겁 없이 시작한 소내장탕 집이 해남 일대의 신흥 강자가 되었다. 양, 소창, 신장, 염통 등 소 내장은 야들야들하며 딱 먹기 좋을 만큼 쫄깃쫄깃하다. 누린내는 전혀 느껴지지 않아서 놀라울 정도. 그야말로 영양 국밥 한 그릇을 먹는 기분이다.

평일 50그릇, 주말 100그릇.
국밥을 한정 판매하는 곳입니다.
늦으면 먹지 못합니다.

"흥, 못 먹으면 그만이지!"
이럴 일이 아닙니다.

이화식당

꽃게무침, 갑오징어조림

전남 진도군 진도읍 남동1길 55
TEL. 061-544-5688

운영시간
11:30-21:00

주요 메뉴
꽃게탕, 꽃게무침, 갑오징어조림, 장어탕

방문 날짜 20 . .	나의 평점 ☆☆☆☆☆
방문 후기	

싱싱한 진도 꽃게를 그 자리에서 무친 꽃게무침. 고춧가루 양념장이라 매운맛이 깔끔하고 꽃게 맛이 살아 있다. 게딱지는 내장과 알을 파내어 밥에다 비벼 먹으면, 밥 한 공기가 금방이다. 갑오징어조림도 고소하고, 간장의 달콤함이 기분 좋게 느껴진다.

"이화에 월백하고 은한이 삼경인데 일지춘심을 자규야 알랴마는
다정도 병인 양하여 잠 못 들어 하노라."
배나무 꽃에 하얀 달빛이 내리고
은하수 가득한 밤, 나뭇가지에 어린 봄 같은 내 마음을
소쩍새야, 네가 알겠느냐마는
정 많은 마음도 병인 모양인지 잠들 수가 없구나.

봄밤에 잠 못 이루는 이유가 이화식당의 꽃게무침 때문이로다.

궁전음식점

소갈비뜸북국

전남 진도군 진도읍 옥주길 26
TEL. 061-544-1500

운영시간
09:00-22:00

주요 메뉴
소갈비뜸북국, 장어탕, 장어구이

희한하게 생긴 데다 진도에서만 먹을 수 있는 해초인 '뜸부기'. 이 뜸부기를 한우 갈비 육수에 넣고 끓인 것이 바로 진도 토속 음식인 뜸북국이다. 오도독오도독 씹는 식감이 재밌고, 국물도 간장으로만 간을 해 담백하니 참 매력 있다.

방문 날짜 20 . . .	나의 평점 ☆☆☆☆☆
방문 후기	

우림

보리간재미애국

전남 진도군 진도읍 동외1길 50
TEL. 061-542-2270

운영시간
11:00-21:00
일요일 휴무

주요 메뉴
한우버섯샤브샤브, 능이버섯전골,
보리간재미애국(계절 한정 메뉴)

진도에서는 봄이 오면 보리간재미애국을 꼭 먹는다. 간재미 살은 부드럽기보다는 상당히 차지고, 된장으로 우린 국물은 구수하면서 시원하다. 보리 순은 사각사각 씹히는 맛이 일품. 반찬으로 나오는 숭어 알젓과 속젓은 주인장이 선장이라 직접 잡아 오기에 가능한 일이다.

방문 날짜 20 . .	나의 평점 ☆☆☆☆☆
방문 후기	

달님이네맛집

간장게장 정식

전남 진도군 진도읍 서문길 8-21
TEL. 061-542-3335

운영시간
07:00-20:00

주요 메뉴
간장게장 정식, 꽃게무침 정식,
생선구이 정식

방문 날짜 20 . .	나의 평점 ☆☆☆☆☆
방문 후기	

정식 한 상을 앞에 두면 '과연 여기가 진도구나' 하고 느낄 수 있다. 생굴을 넣고 끓인 김국부터 두툼한 김전, 달래가 들어간 김무침까지 다양한 김의 맛을 느끼기에 이만한 곳이 없다. 하나의 재료로 이렇게 다양한 요리가 가능하다니, 진도 사람들의 솜씨가 짐작된다.

밥상 위에 반찬 그릇이 넘쳐서 한 장에 못 그리겠다.
나머지는 상상을 하면서 드시라.
겨울이 끝나서인가 김이 질기다.
멀리 놓여 있는 데친 파에 낙지 발을 감아 놓은 반찬에
이 집의 정성이 가늠된다.

사랑방음식점

말린우럭찜, 바지락무침

전남 진도군 진도읍 쌍정2길 22
TEL. 061-544-4117

운영시간
12:00-21:00

주요 메뉴
말린우럭찜, 바지락무침, 생선매운탕

방문 날짜 20. . .	나의 평점 ☆☆☆☆☆
방문 후기	

밝고 자신감 있는 주인장의 솜씨가 음식에서 여지없이 드러난다. 진도식 우럭찜은 살짝 말린 우럭에 간단한 양념만 올려 쪄내 생선 본연의 맛을 느낄 수 있다. 통통한 바지락을 시큼 달큼한 식초로 양념한 바지락무침은 현지 사람들 방식대로 밥에 넣고 비벼 먹으면 별미다.

그럼 그렇지.
이 집을 빼먹고 진도를 나갈 뻔했다.
이 집에서 진도의 깊은 맛을 찾았다.

유일정식당

백반

전남 완도군 완도읍 개포로 11-28
TEL. 061-552-1265

운영시간
07:00-20:00 (전화 문의)
비정기적 휴무

주요 메뉴
백반, 해초전복비빔밥

방문 날짜 20 . . .	나의 평점 ☆☆☆☆☆
방문 후기	

완도 토박이 사장이 내오는 1인 8,000원 밥상. 전복장조림, 전복미역국 등 이 가격에 전복이 이렇게나 많이 나올 수 있다는 게 믿기지 않는다. 완도산 재료에 완벽한 간까지, 하나같이 전부 맛있다. 계절에 따라 반찬이 다르고, 영업시간도 유동적이라 방문 전 확인은 필수다.

이 댁은 원가 계산을 전혀 못한다.
아무리 전복이 흔한 완도라지만
8,000원 백반에 전복장과 전복미역국이 나온다.

대박집

생선탕

전남 완도군 완도읍 개포로62번길 9-10
TEL. 061-555-3690

운영시간
10:00-21:00
둘째, 넷째 일요일 휴무

주요 메뉴
생선탕(생선은 계절에 따라 바뀝니다.),
동태탕, 갈치조림

방문 날짜 20 . .	나의 평점 ☆☆☆☆☆
방문 후기	

갓 잡은 쏨뱅이로 맑게 끓인 생선탕. 된장으로 국물 맛을 내고 청양고추로 매콤함을 줬다. '죽어도 쏨뱅이'라는 말처럼 갓 잡은 쏨뱅이는 살점 맛이 담백하니 참 맛있고, 국물은 끓일 수록 감칠맛이 올라온다. 완도식 톳무침 등 각종 해초가 나오는 반찬도 일품이다.

"썩어도 준치"라는 말은 들었지만,
"죽어도 쏨뱅이"라는 말은 처음 들었다.
흰 살 생선이 낼 수 있는 최상의 국물과 살 맛이다.
우리나라는 머물고 싶은 곳이 너무나 많다.

진미횟집

전복해조류비빔밥, 종합 물회

전남 완도군 완도읍 장보고대로
282-1 (시장 내 위치)
TEL. 061-553-2008

운영시간
09:00-21:00
월요일 휴무

주요 메뉴
전복해조류비빔밥, 종합 물회

방문 날짜 20 . .	나의 평점 ☆☆☆☆☆
방문 후기	

톳, 꼬시래기, 세모가사리 등 완도산 해초 다섯 종과 생전복이 들어간 전복해조류비빔밥. 간장을 넣고 비벼 먹으면, 해초 본연의 맛이 전부 느껴지며 입이 황홀하다. 갑오징어, 멍게, 전복 등이 들어간 종합 물회도 감탄. 이 집은 어느 하나 군더더기 없이 모두 훌륭하다.

전복해조류비빔밥과 종합 물회가 환상이다.
미슐랭 가이드 대신 허영만 가이드가
별 다섯 개 ★★★★★를 선사한다.

동백식당

장어구이

전남 완도군 완도읍 개포로56번길 7
TEL. 061-554-4642

운영시간
13:00-21:00

주요 메뉴
장어구이, 간재미회, 삼겹살

20년 경력의 할머니가 홀로 운영하는 집. 장어구이는 주문 즉시 수족관에서 장어를 꺼내 바로 잡아 준다. 이렇게 싱싱한 장어를 돼지비계로 낸 기름에 구우면 맛이 없을 수가 없다. 좀 물린다 싶을 때는 비법 양념장과 완도산 갓김치, 묵은지를 곁들이면 깔끔하다.

방문 날짜 20 . .	나의 평점 
방문 후기	

식객이 뽑은 진짜 맛집

식객 허영만의 백반기행 2

초판 1쇄 발행	2021년 5월 14일
초판 9쇄 발행	2026년 1월 5일
지은이	허영만·TV조선 〈식객 허영만의 백반기행〉 제작팀
펴낸이	신민식
펴낸곳	가디언
출판등록	제2010-000113호
주소	서울시 마포구 토정로 222 한국출판콘텐츠센터 419호
전화	02-332-4103
팩스	02-332-4111
이메일	gadian@gadianbooks.com
홈페이지	www.sirubooks.com
ISBN	979-11-89159-91-7 (14980)
	979-11-89159-64-1 (SET)

* 이 책의 전부 또는 일부 내용을 재사용하려면 사전에 가디언의 동의를 받아야 합니다.
* 책값은 뒤표지에 적혀 있습니다.
* 잘못된 책은 구입처에서 바꿔 드립니다.